信者二世たちの叫び

徹底追及 統一協会

しんぶん赤旗社会部 統一協会取材班

新日本出版社

信者二世たちの叫び　徹底追及統一協会＊目　次

プロローグ

第二六回参議院選挙の投票日を二日後に控えた二〇二二年七月八日。安倍晋三元首相が奈良市内で山上徹也被告（四一）＝殺人罪などで起訴＝に銃撃され、死亡しました。直後に、統一協会（世界平和統一家庭連合、韓鶴子《ハンハクチャ》総裁）の名前が浮上します。山上被告の母親は統一協会の信者で一億円以上を献金して自己破産していました。このため同被告が統一協会に対して「恨みをもっていた」というのです。

この情報が流れると、「しんぶん赤旗」のホームページにある異変が起きました。事件より一〇カ月前の二〇二一年九月一八日付記事にアクセスが集中したのです。安倍氏が統一協会系集会にビデオメッセージを贈っていたことを特報した記事です。閲覧回数は事件発生から一週間で約二五万回にのぼりました。記事の内容を振り返ってみましょう。

【旧統一協会系集会にメッセージ／安倍前首相「総裁に敬意」／宣伝利用で霊感商法被害拡大の恐れ】 霊感商法や集団結婚などの被害が長く社会問題になっている旧統一協会（世界平和統一家庭連合に改称）に関連する団体が開いた大規模集会に安倍晋三前首相がビデオメッセー

ジを贈り、「敬意を表します」などと演説していたことが一七日までに分かりました。旧統一協会が勧誘活動や宣伝に利用することで新たな被害につながるおそれがあり、安倍氏の道義的責任が問われます。

安倍氏がビデオメッセージで演説したのは、旧統一協会系の天宙平和連合（UPF）が韓国の会場とオンラインで一二日に開いた集会「シンクタンク二〇二二　希望前進大会」です。UPFは統一協会の開祖である文鮮明《ムンソンミョン》（故人）と、その妻で現家庭連合総裁の韓鶴子が二〇〇五年にニューヨークで創設したNGOです。

同集会では、トランプ前米国大統領に続いて左胸に議員バッジをつけた安倍氏が会場の大型スクリーンに映し出され、約五分間の演説をしました。安倍氏は「演説の機会をいただいたことを光栄に思います」と述べ、次のような発言をしました。「今日に至るまでUPFとともに世界各地の紛争の解決、とりわけ朝鮮半島の平和的統一に向けて努力されてきた韓鶴子総裁をはじめ、皆さまに敬意を表します」。実質的なトップの名をあげ、旧統一協会を称賛した形です。

旧統一協会と一体の右翼団体「勝共連合」は、ジェンダー平等を「社会における男女のあり方、そして家庭のあり方を根本から変えてしまおうという危険な思想」としています。安倍氏の演説の中で目立ったのは、旧統一協会の思想にある家族観への共鳴です。安倍氏は「UPFの平和ビジョンにおいて、家庭の価値を強調する点を高く評価いたします」と褒め上げ、その上で「偏った価値観を社会革命運動として展開する動きに警戒しましょう」と呼びかけました。ジェンダー平等などを「偏った価値観」とみなし、個人を尊重する社会を目指す運動を非難するのは異様と言えますが、同集会の司会者は「たいへん感動的な演説」と評価しました。本紙の取材にUPFジャパン（東京都新宿区）は、米国のUPFインターナショナルと「ワシントン・タイムズ」（旧統一協会系メディア）が安倍氏側にビデオメッセージを依頼したと説明しました。

旧統一協会による高額な献金の強要や正体を隠して行う「伝道」は、裁判でも違法性が指摘されています。旧統一協会による違法伝道や霊感商法被害の救済に取り組む全国霊感商法対策弁護士連絡会は、全ての国会議員に対し、旧統一協会やその正体を隠した各種イベントに参加・賛同しないことを求めています。安倍氏が関連団体の集会にビデオメッセージを贈る形で協力したことは、不適切だと言えます。本紙は安倍氏の国会事務所にUPFとの関係などを質問しましたが、「この件に関してはUPFの事務局に問い合わせてください」として回答しませんでした。（肩書、呼称はいずれも当時の記事のママ）

ジャーナリストの鈴木エイトさんによると、この問題を報じたのは「しんぶん赤旗」と鈴木さんが記事を執筆した雑誌系メディア三社だけだったといいます。大手メディアは、当時この情報を知りながら一切無視しました。このUPFの集会を山上被告も事件前にネットで見ていたとされます。では同被告が安倍氏に強い殺意を抱くようになるようになるまでには、どんな背景があったのか――。

山上被告は犯行の直前、統一協会を批判するブログを運営している男性に手紙を送っていました。そこには「母の入信から億を超える金銭の浪費、家庭崩壊、破産、この経過と共に私の一〇代は過ぎ去りました」「その間の経験は私の一生を歪《ゆが》ませ続けたと言って過言ではありません」と積年の恨みを書き連ねています。統一協会の開祖、文鮮明（二〇一二年に死去）一族への強い殺意に触れながらも「私にはそれが不可能な事は分かっています」としています。安倍氏については「本来の敵ではない」とする一方で「現実世界で最も影響力のある統一協会シンパの一人」と記しています。

手紙の末尾には山上被告のツイッターのアカウント（現在は閉鎖）が書いてあります。取材班が確認した同被告のツイートには、「オレが一四歳の時、家族は破綻《はたん》を迎えた」という一文がありました。別のツイートでは統一協会を「何十年も前から社会問題化し、もはや反社会的組織である事を覆しようもない」と批判しています。安倍氏が首相在任中の二〇一九年一〇月には、「オレが憎むのは統一協会だけだ。結果として安倍政権に何があってもオレの知った事ではない」と投稿。翌年一一月にはニュースサイトを引用する形で「統一協会系閣僚九人」などと書き込んでおり、政治家との関係に注目していたとみられます。

もちろん、どんな理由があろうとも山上被告の行為はけっして是認できるものではありません。ただ統一協会がなければ、同被告が犯行に至ることも、苦しむこともなかったでしょう。

統一協会は文鮮明が一九五四年に韓国で設立しました。日本に上陸したのは一九五八年です。以後、六〇年以上にわたり、正体を隠した伝道とマインドコントロールで信者を獲得し、霊感商法、集団結婚、高額献金といった数々の反社会的行為をしてきました。同時に「勝共運動」を掲げて自民党と癒着し、日本共産党に対して選挙で謀略ビラをまくなど妨害行動を続けています。これらは単に日本共産党への攻撃にとどまらず、公正な選挙や有権者の選択を妨害するという民主主義の根幹を破壊する行為です。

日本共産党と「赤旗」は、一九六〇年代から統一協会の反社会的行為や反民主主義的行為、そして自民党との癒着を追及してきました。その蓄積は膨大なものがあります。それでも、私たちが見逃していた問題があります。信者の子どもたち「信者二世」の苦しみです。統一協会からマインドコントロールされた親たちが過度な献金をすることなどで苦しめられた若者たちです。山上被告も、その一人でした。統一協会の六〇年以上にわたる活動は、被害を信者の子どもたちにまで広げてきたのです。

「赤旗」社会部は安倍氏の事件直後に統一協会取材班を立ち上げました。重点を置いたのが、信者二世の声に耳を傾けることです。これまでどのメディアも報じてこず、暗闇の中でもがいてきた若者たち……。取材班は、何よりもまず被害者の困難、被害の実像に迫ることが大切だと考えています。統一協会問題の解決とは、被害者の救済そのものなのですから。

第1章　二世たちの苦悩

統一協会は、信者二世を二種類に区分けしています。一つは、集団結婚した両親から生まれた「祝福二世」。もう一つは、親が入信する前に生まれていた「信仰二世」です。一般社会から見ればどちらも同じ二世です。それを統一協会がわざわざ区分けしているのは、教義の中核である「祝福」に関わることだからです。

統一協会は教義書『原理講論』で、アダムとエバ（イブ）の時代に、エバが「天使（サタン）と不倫なる血縁関係を結んだ」としています。この結果アダムとエバは「神の善の血統を繁殖することができず、サタンの悪の血統を繁殖するようになった」と教えます。つまり人類の始祖がサタンと不倫をしたため、子孫である人類すべてがサタンの血統になったというのです。統一協会は、これを人類の「原罪」と位置付け、「問題を根本的に解決しうる」のが、メシア（救世主）＝文鮮明であると、信者に刷り込みます。そして原罪を取り除くためには文鮮明によって選ばれた女性と「祝福」される、つまり集団結婚することが必要だとします。

集団結婚により生まれた子どもである祝福二世は、原罪がない「神の子」と扱われます。その次は祝福二世同士が集団結婚して「祝福三世」が生まれ、さらに祝福三世同士が集団結婚する……。統一協会の理屈では、集団結婚を繰り返し、全人類が信者の子孫になることによって神の国が完成することになります。まるでねずみ講のような壮大な妄想です。

「サタン」という脅しの名称をとことん利用するのは、統一協会お得意の手法です。統一協会は人類のみならず、世界中の財（お金）も現世ではサタンの所有物になっていると教え込みます。その結果、お金をサタンのもとから神のもとに、つまりメシアである文鮮明・韓鶴子夫妻のもとに戻すことを強いられます。これを統一協会では「万物復帰《ばんぶつふっき》」といい、「祝福」とともに教義の中核に位置します。たとえば霊感商法で相手をだましてつぼを購入させても、サタンから神の側にお金を返すのだから、信者にとっては「善行」となるのです。統一協会への献金も同じく神に戻すのだからと信者たちは使命感にかられて払います。献金の総額は一〇〇〇万円、一億円を超えることもざらで、信者の家計は常に困窮し、貧しい生活を送ることになります。

清平修錬院で行われた集団結婚式。（Aさん提供）

二世たちは、この異様な教義と協会生活を幼いころから強要され、振り回されてきました。二世たちの証言をもとに、その実体験を紹介していきます。

●奨学金が家族の生活費に

「親は統一協会に献金しまくったので、老後資金がまったくない。私たち二世に養わせるのではなく、協会に金を戻させ信者の老後がなりたつようにすべきです」。そう語るのは、祝福二世の三〇代女性です。

「両親は統一協会の開祖、文鮮明にマッチングされた。その子である私は、『文鮮明によってこの世に授けられた』という位置づけで信者扱いです」。父親は協会の元幹部。協会のダミー団体で働いていました。ただ突然解雇されたうえ、社会保険をかけていなかった未納期間があるため、年金は月二万円程度だといいます。

「統一協会は、生存権を侵害しています」とも。女性の実家には霊感商法で買わされた高額なつぼ、五輪塔、弥勒菩薩《みろくぼさつ》像、聖典などがありました。「〝二世あるある〟なのですが、親に借金が

統一協会が被害者に4300万円で購入させていた釈迦塔（全国霊感商法対策弁護士連絡会提供）

統一協会が信者らに売りつけた本。１冊3000万円の本には協会の開祖・文鮮明と韓鶴子夫妻の写真が掲載されています

あるかと聞くと怒られる。『お金に執着するなんて、あなたはサタンにとられる』『地獄に落ちる』と言われるので怖くて聞けない。自己破産は『万物復帰している』という考えで歓迎されると聞いたことがあります。サタンのもとにある宝を神＝文鮮明にすべて出し切った証拠として祝福されることなのです」

霊感商法は「先祖が地獄で苦しんでいるから子孫が病気で苦しむ」などと相手を脅し、因縁を払うためと称して高額なつぼや印鑑を買わせる行為です。当然、違法行為であることから、霊感商法は二〇〇七年ごろから二〇一〇年にかけて相次いで刑事摘発されます。安倍氏銃撃事件後に記者会見をした統一協会の田中富広会長は、コンプライアンス（法令順守）を徹底してきたと説明しています。しかし実態は霊感商法から、無理な高額献金をさせる手法に移行させただけです。

全国霊感商法対策弁護士連絡会のまとめによると、二〇一〇～二一年の霊感商法や高額献金の被害相談は二万八七〇五件に上ります。女性は「霊感商法が摘発された以降も無理な献金は続いていると思います。昔のやり方を脱却するのはなかなか難しいでしょうから。それに摘発以前の清算、反省はまったくしていない」と指摘します。

無理な献金のため生活費は、資産家だった母の実家に頼っていたといいます。しかし祖父母が女性に残してくれた大学資金や自身が借りた奨学金も、実家の生活費に消えました。女性は訴えます。「訴訟で被害を救済するには、個人の負担が大きすぎます。法整備で一律に救済が必要だと思います。祝福二世を全員被害者とするなど、被害者を広くとらえて迅速に救済してほしい」

●就職して妹二人の学費を出す

ネットでV（バーチャル）チューバーとして活動してきた「もるすこちゃん」（三〇代）＝仮名＝は、安倍氏銃撃事件の後、統一協会の祝福二世であることを告白しました。いま統一協会の解散や二世の救済を求めて活動を続けています。

もるすこちゃんの両親（いずれも七〇代）は、学生時代に統一協会に入信し、集団結婚しています。ともに協会活動に専念する「献身者」でした。「両親が献金と献身したため、親元にいた二〇歳ぐらいまで、とにかく貧乏でした」。小学校低学年のときにテレビが壊れ、中学生になるまで買い替えてもらうことができなかったといいます。ゲームも、おもちゃもなく、服はすべておさがり。成績がよく学費免除でしたが、奨学金を借り家族の生活費に回しました。自身は大学進学をあきらめて就職。「せめて二人の妹は大学に」と、ボーナスで学費を出しました。両親は、もるすこちゃんを「神の子」として育てます。「私は神の子だから大きくなったらこの世を救う、と思っていました。そう考えることで貧乏のつらさから自分を救っていたのかも」

両親は一時期、統一協会の下部教会がつくった物販会社で店長をしていました。高麗《こうらい》ニンジン茶などを販売する協会のダミー会社で、社員はみな信者です。ある時、父親は教会長からテーブルに札束をポンとおかれて、こう求められました。「これを借りてあなたの献金にしなさい。店長はみなに背中を見せないといけない」。父親は札束の金を借りて献金したといいます。

高齢になっても両親の献金は続きました。二〇一七年からの五年間で、両親は約五〇〇万円を先祖供養と称する「先祖解怨《せんぞかいおん》」で献金。いま両親の貯金は五〇万円程度です。

二〇二二年末に国会で法人等による寄付の不当な勧誘の防止等に関する法律（被害者救済法）が成立しました。ただ信者の子どもが返金請求できるのは養育費などごく限定された範囲であり、被害を救済するには不十分な内容です。

マインドコントロールされている両親は、献金が世界平和のためと本気で考えているとも。「本人たちはピュア（純粋）なのです。だから統一協会にだまされる。マインドコントロールされている親は協会に返金を求めないため、被害者救済法では二世は救われないのです。子どもが返金要求をできるようにしてほしい。そして統一協会は解散しかない」

統一協会と癒着した政治家に怒りを感じています。協会のイベントに政治家がたびたび登場するのを見てきました。統一協会系の天宙平和連合の集会に安倍元首相が贈ったビデオメッセージも、銃撃事件より前に見ていました。安倍氏の登場に、信者たちは異様な盛り上がりをみせたといいます。当時の様子を振り返りながら、こう憤ります。「これはまずいと思いました。信者は自分たちの活動が元首相に認められているととらえます。政治家は自分たちが統一協会の行事に顔を出すことで、信仰がどれだけ強化されているか知るべきです」

●好きな相手と結婚できない

祝福二世の高橋みゆきさん（二〇代）＝仮名＝は、「とくに自由恋愛ができず、結婚相手は自分で決められません。信者との結婚を強いられます。相手の親も自分の子を信仰熱心な人と結婚させたいため、さらに協会から抜けることが難しくなる」と憤ります。「祝福二世は〝清らかな血〟であり、信者以外と結婚するなどの『罪』を犯すと、『普通の人より悪い地獄に行く』と言われてきました。信者同士であっても、自分で選んで結婚できるわけでもありません」と高橋さん。幼いときから地獄にいく恐怖を刷り込まれてきました。

親は子どもを地獄に行かせたくないため、恋愛をしないよう、子どもの行動に目を光らせるといいます。付き合っている人がいれば、「地獄に落ちる」と親や協会幹部らが圧力をかけ、無理やり別れさせることもあります。「親がストーカーのようになる。好きな相手と結婚したい、親とも仲良くしたい。そんな願いを、かなえることができない」と語ります。

高橋さんは物心つくころから毎週日曜日に、統一協会の教会へ礼拝に通っていました。空き時間には同じように、親に連れてこられた子と遊んでいました。小学生になると、統一協会の「教義」である「統一原理」を駅前など道行く人に伝道させられたこともありました。

思春期を迎え自分で物事を考えられるようになると、統一協会の教えや活動に対する違和感が強くなったと振り返ります。ただ周囲は誰がどのくらい信仰心があるか分からないため、気軽に相談することができませんでした。もし仮に「好きな人がいる」や「教えが間違っている」などと誰かに打ち明ければ、それが協会に報告され、大問題にされる可能性があるとおびえてきました。礼拝の時に一緒に遊んでいた幼なじみや、実のきょうだいにすら相談できないといいます。

「『親を捨てれば？』と言われることがありますが、特に子どもの場合は自分で生活する力がなく、拒否権がないのです。コミュニティーも選べず、気づいたときには人格形成がされています」。高橋さんは統一協会から子どもを守るため、宗教法人の虐待行為を罰するよう望んでいます。「二世への人権侵害は明らかに憲法違反です。子どもの虐待として問題提起し、これ以上、新しい被害者を出さないでください。政党に関係なく、被害者を救うために動いてほしいのです」

●避妊禁じられDV被害も

祝福二世のAさん（四〇代）は数十年前に統一協会で集団結婚をしました。会場は韓国・清《チョン》平《ピョン》修錬院（当時）でした。天井にはシャンデリア、床には毛足の長い高級そうなじゅうたん。左側に女性、右側に男性が並ばされ、文鮮明が指をさし、集団結婚の相手を決めていきます。文鮮明の横には妻の韓鶴子現総裁が。会場にはピリピリと張りつめた空気が漂います。一世信者の場合は二〇代の女性に五〇代の男性が選ばれることもありました。

両親が集団結婚した信者で、幼いころから信仰を強要されていました。「信者になると、神の

清平修錬院で花束を受け取る文鮮明夫妻（Aさん提供）

愛にふれたという責任で、信仰を広げなければなりません。二世が三世を生み、祝福結婚をさせないと『失敗』とされます」
　Aさんの夫はマッチングで初めて会った年下の韓国人でした。統一協会では「コンドームやピルを使ってはいけない」と教えられたといいます。避妊が禁止されていることをAさんが知ったのは、祝福を受けることになってから。それまでは「純潔」を守らせるため、性的な話を聞いたことがほとんどありませんでした。
　集団結婚後、夫は仕事が決まらないまま来日します。「私が妊娠してしまうと、家計を担う人がいなくなってしまうので、避妊できないというのは本当に不安でした」。Aさんの貯金を取り崩しながら生活していました。一人で産婦人科に行き、ピルを飲みました。知り合いの信者には、毎年のように妊娠し、何人も子どもが産まれ、統一協会から逃げる機会を失ってしまった人もいます。『仕事を辞めたくなかった』という声も聞いています。統一協会で女性は、自分の体についての決定権がありませんでした」
　夫は毎日のように性行為を強いました。Aさんが拒むと、「どれだけみじめなことか分かるか」

と泣いて暴れました。Aさんを追いかけまわし、転ばせ、暴力をふるうことも。精神的に追い詰められていきました。ある日、家に帰ると破られた夫の名刺と折られた携帯電話が床に。「嫌だったけれど受け入れるしかなかった」と振り返ります。

先に壊れたのは子どもの心でした。学校から、「手に負えない」と連絡がありました。駆け付けてみると、机の下で鉛筆を食べたり、消しゴムをちぎったりする子どもの姿が……。それでもAさんは自身がDV（ドメスティックバイオレンス）に遭っていると気づけなかったといいます。暴力について相談しても、親は「神が与えた試練」「あなたの愛で彼を変えなさい」と言い放ちました。統一協会では離婚はタブーで、集団結婚を壊すことが大きな罪だと信じ込まされていたからです。Aさんは振り返ります。「通院していた医者がDVだと気づかせてくれ、『嫌だと思ってよかったんだ』と分かりました。弁護士に相談し、離婚できました。女性にとって地獄のような環境でした」

●親が帰らず空腹に耐えかね

両親が統一協会の活動に入れ込み子どもの世話を放棄するという信者家庭も多くあります。前出のAさんもその一人です。Aさんは、数十年前に家族と統一協会の施設で生活していました。関東の一角にあったアパートと一軒家を合わせた建物で、信者の女性ら数十人と共同生活を送っていたのです。食堂には共用の大きな冷蔵庫。食べ物すべてに、住人の名前が記されていました。

「地上に天国をつくる」といって、親が何日も帰ってこないことが、頻繁にありました。食事の用意もなく、お金ももらえなかったAさん。空腹に耐えられず、冷蔵庫にある他人のヨーグルトを食べてしまいました。それが見つかると「神の子が盗みを働いた」とおとなたちは、まるでこの世の終わりのようにAさんを糾弾しました。母親はAさんをピアノの教本やベルトで打ちのめしました。「『出ていけ』と言われたり、食事を抜かれたりすることは日常茶飯事でした」。親がいない時に熱が出ると、だれが医療費を立て替えるかで、おとなたちはもめました。「協会に献金をしているため、みんな貧しかった。布団に寝ている私の横で、そんな話を聞くのがつらかった」

統一協会本部＝東京都渋谷区

ある日突然、おとなたちが健康用品に凝り出すことも。「光合成をするから風呂の湯を替えなくてもよいという藻」で、一年以上替えませんでした。お湯は、だんだんとろみがかかり、下水道のようなにおいはシャワーを浴びてもなかなか落ちませんでした。脱衣所の窓から異臭が漂い、近所からは怪しまれ、学校では「くさい」といじめられたといいます。

施設を出て、家族だけで暮らすようになってからも、親がいきなりいなくなることがありました。親が料理をする姿を見たことがなかったＡさん。炊飯器の使い方がわかるはずもなく、きょうだい二人でコロッケ一つを割って食べたこともありました。

漫画の禁止や朝五時の礼拝を強いられることに対し、Ａさんが「もうやだ」と訴えたことがあります。母親は、「そんな態度なら母さんは霊界へ行く（死ぬ）」と自身の首筋に包丁を押し当てました。

母親から包丁を突き付けられたこともあります。友人と恋愛について話していたり、初恋がつづられた日記が見つかったりすると、親が「ここで死ぬか、男と堕落して地獄に行くか選べ」と激高しました。そのたびに、Ａさんは「許して、二度とこんなことを考えないようにするから」と謝りました。自分の感情を殺すうちに、何がしたいか、どう生きたいかが分からなくなり無気力になっていったといいます。

Ａさんは語ります。「命を盾にした脅しが幼稚園の時からずっとありました。統一協会では、子どもの行動次第で『信仰が無駄になる』と常に脅されるからです。家族で進路や恋愛の話がまともにできません。教義により、家庭をまるごと支配されます」

●青春を奪われた

祝福二世の女性Ｂさん（三〇代）も、子どものころから信仰を強いられてきました。「バイトをしたり、旅行をしたりなど普通の青春を送れませんでした。将来について考える時間もなかった」とBさんは振り返ります。幼いころから祈祷《きとう》や断食、学生になってからは統一協会の学生団体であるCARP（カープ＝原理研究会）で、ニセの募金活動などもやらされました。自由に恋愛をすることもできませんでした。

そんなBさんは、一八歳で集団結婚をします。「ずっと恋愛が禁止されていたため、誰かを好きになりたい気持ちが強く、若くして祝福を受ける人が多かった」。夫は海外に暮らしていました。大学を卒業してから夫のいる国へ向かいました。その間に夫に会えたのは三回だけ。CARPの活動で忙しく、旅費をためる時間がなかったといいます。統一協会は、結婚相手を決めるだけで、ビザや渡航費用は用意しません。Bさんらは、日本で夫婦生活を送っていないため、ビザを取るのも一苦労。国際結婚カップルのブログを見ながら、一人で準備しました。

夫は学生でまともな収入はありません。言葉もままならず、右も左も分からない土地で出産。その直後から生活費を得るためスナックで働きました。一緒に暮らしていた義父母も統一協会の信者でした。しかし、日本と比べて高額な献金がなく、先祖の怨念を解くなどと称する儀式「先祖解怨」の金額も安いことにショックを受けました。それでも、周りの家庭と比べて貧しく、Bさんは毎月義両親に六万円の生活費と、孫の世話代として数万円を払いました。さらに、夫の奨学金ローンを支払うと、手元に残るお金はわずかだったといいます。「スナックに来るお客さんはみんな幸せそうなのに、どうして自分は搾取され続けているのだろう。文鮮明が望んでいることなのか」

マインドコントロールされ、信じていれば救われると思っていたBさんでしたが、夫の奨学金ローンは一〇〇〇万円に膨らんでいました。「このまま生きていたら自分の人生を楽しめない。子どもも苦労する」。離婚を決意します。しかし統一協会では離婚がタブーです。母親は、Bさんの離婚の話を聞き駆け付けました。離婚をやめるよう説得するため、渡航費を親戚に借りてまで来たのです。「私が子どもを出産し大変だった時、親は献金を優先し『お金がない』と言って、来てくれませんでした。私の苦労よりも統一協会が大事なんだと知りました。信者になっていいことはありませんでした」

●小学生から韓国で洗脳

祝福二世たちが、子どものころに共通して体験したという行事があります。韓国の清平修錬院（当時）で、「修練」という名のもとに二〇日間缶詰め状態で行われる〝洗脳合宿〟です。前出のBさんも、一九九〇年代の夏に、日本中から集まった小中高生の信者の子、約四〇〇〇人とともに〝洗脳合宿〟を強いられました。

「修練」の場は、蒸し暑いプレハブのような小屋。屋内の地べたに子どもたちがぎゅうぎゅうに座り、自分の体をたたいていました。疲れてもたたき続けるのは「悪い霊が体から飛んでいく」と教えられたからです。「統一協会ではたたいて除霊することを『役事』と呼びます。首や胸、脚などをたたきました」とBさんは振り返ります。早朝に山に登って祈祷をしてから午後九時の祈祷まで、役事と講義の繰り返し。二〇日間、一日も休みがなかったといいます。「自由な時間がほとんどなく、とにかく疲れて眠かった」

役事は一日三回、毎回約一時間行うため体力が奪われました。背中は後ろの人にたたいてもらいます。たたき方が弱いと「悪霊が出ていかない」と言われてしまいます。「特に生殖器は罪だとされ、そこに一番悪霊がたまっていると信じ込まされました。なので、みんな自分でたたきました」。講義では統一協会の教義『原理講論』をひたすら音読させられることもありました。意味も分からず、眠くなってしまうと隣の子が起こしたり、自主的に後ろに立ちにいったりしました。

トイレは汲み取り式の〝ぼっとん便所〟でした。毎日シャワーを浴びる余裕がなく、洗面所で髪を洗うことも。小屋には大きな扇風機しかなく、子どもたちは「暑いね」と言いながら扇風機を囲みました。布団はなく、男女分かれて雑魚寝です。寝袋は共用で、干すのは二、三週間に一度。前日に誰が使ったかも分からない寝袋は、汗の臭いが染みついていました。洗濯は講義の合間の一〇分ほどの休み時間に急いでやります。洗濯物はその辺りに干すしかなく、下着は男性に見られないよう工夫しました。「着替える場所には屋根しかありませんでした。思春期でしたし、地獄だったなと思います」

食事時になると食堂に長い列ができました。朝には乾ききったパンと牛乳、昼と夜に韓国食が出されました。「辛い物を食べられない子はきつかったと思います。食堂のご飯が嫌で、売店で買う子もいました」。不衛生な環境のもと、シラミや風邪がはやることも。しかし、治療されないどころか「風邪は悪霊が出て行った証拠だ」と説明されました。「少しずつ改善されているみたいですが、当時はこんな状況でも親は自分の子に幸せになってほしいため、子どもを修練に送ってしまうのです」

●一四万円で買われた

統一協会の集団結婚で多くの日本人女性が韓国に渡っています。その数は七〇〇〇人ともされています。作家の冠木結心《かぶらぎけいこ》さんもその一人でした。

一九九二年、高校のテスト休み中で家にいた冠木さんは、昼のワイドショーを見て愕然《がくぜん》としました。東京ドームの映像と「宗教団体の大会が行われているもようです」との声が流れたからです。東京ドームはその日、母親が「集会がある」と出かけた場所でした。統一協会の大会だったのです。

両親の仲が悪く、母親は、仏教の一派を名乗る天地正教に、のめり込んでいきました。数万円する数珠や大理石の弥勒菩薩像を買うことも。実は天地正教は、統一協会のダミー団体でした。「母親は仏教を信じていたと思っていました」と冠木さん。母親は天地正教から統一協会へのみ込まれていきます。

1992年に統一協会のダミー団体「世界平和女性連合」が東京ドームで開いた集会。韓鶴子総裁が出席しました（『日本統一運動史』より）

母親は、冠木さんを統一協会に勧誘するようになります。当時、統一協会に関する報道が盛んでした。ただ生き生きとしていくように見えた母親の誘いを断ることはできません。親孝行のつもりで入信します。統一協会でいう「信仰二世」です。会社員になってから、母親は冠木さんに「献身」＝出家をすすめます。「身も心も全て神にささげるというもので、ホームと呼ばれる一軒家で約三〇人の信者と暮らしました。圧倒的に女性が多かった」

夜中まで講義を受け、一五畳ほどの部屋に雑魚寝。朝五時に起きて祈祷し、勤務先へ向かう生活を送りました。ある日、二一日間の修練会に行くことが決まります。長期間仕事を休むわけにはいかず、やむなく退職することに。修練会では四六時中講義を聞かされます。深くマインドコントロールされ、集団結婚を決めました。

統一協会が選んだ結婚相手は、年下の韓国人でした。教義をまとめた『原理講論』の教えでは日本は韓国に奉仕する「エバ国家」とされています。日本人にとって韓国人とつながれることは光栄なことで、「どんな男性でも甘受しろ」と教えられました。当時、集団結婚のために統一協会に、日本人は一四〇万円、韓国人は一四〇万ウォン（約一四万円）を払う仕組みでした。「韓国では『日本人と結婚できる』と宣伝され、信仰心がない人が集まりました。『一四万円で嫁を買う』という感覚なのだと思います。まるで人身売買です」

言葉が全く通じない状況で家庭生活が始まりました。夫は家にお金も入れず、毎日のように飲みに出かけました。怒鳴りつけることや、殴る蹴るなどの暴力をふるうことも。出産を機に離婚を決意。「子どもに暴力がふるわれるかもしれないということが一番怖かったです」。それでも統一協会は「離婚はサタンが喜ぶ」と脅します。やっとの思いで親に切り出しましたが、専門機関ではなく、統一協会の教区長に相談することに。教区長は「うまく彼を立てれば大丈夫」と夫の肩を持ちました。失望した冠木さんは、覚悟を決め、離婚を告げました。夫は養育費を支払わないことを条件にした上、家中の金目になるものを奪い、姿を消しました。

●経歴詐称の夫が失踪

離婚はできたもののマインドコントロールは解けていませんでした。信仰心があつい母親を喜ばせたい——そんな思いで再び集団結婚をします。新しい夫は、統一協会の教区長が紹介した年上の韓国人。最初の夫との間にできた子どもと韓国に渡り、生活を始めます。ところが——。大卒の配管工と説明されたものの、実際は日雇い労働者でした。夫は毎日のように飲んだくれ、冠

助けてくれた韓国の人たちと冠木さんが住んでいた小屋（冠木さん提供、一部を加工しています）

木さんのクレジットカードを盗み、勝手に使うことも。「暴力を振るわないだけありがたいと思え」。夫はそう繰り返しました。

二〇〇四年に夫との間に子どもが生まれました。産後一カ月もたっていないなか、夫が突然姿を消しました。二人の子どもと冠木さんを残し、借金取りから逃れるため失踪したのです。「夫が自分だけ助かろうと思っていたことに絶望しました。出産直後で働くこともできず、母は、私の帰国をよく思わないため、帰ることもできませんでした」

借金取りのなかには暴力団関係者も。冠木さんは知人の助けで子どもたちと避難します。ある日、避難先に見知らぬハルモニ（おばあさん）から電話がかかってきます。そのハルモニに夫が世話になっているというのです。「心配しなくていいから、うちにおいで」。夫は許せませんでしたが、命をつなぐために頼ることにします。

たどりついたのは山奥の田舎町。住まいは物置と化した小汚いプレハブ小屋。トイレは板が渡されただけ。中が丸見えで、ウジ虫が大量に発生していました。臭いが充満し、食事がのどを通りませんでした。スーパーのある町の中心部まで、歩いて往復二時間かかります。バスは一日三本しかなく、雪が降ると上がってきませんでした。貧しい暮らしでしたが、ハルモニは食事を提供してくれ、家賃もとりませんでした。「統一協会からは助けてもらえませんでした。でも一般の韓国の人からは助けてもらいました。だからこそ生きてこられました。ハルモニたちには、ものすごく恩を感じています」

冠木さんは、韓国の統一協会を支えているのは日本人だといいます。「韓国の統一協会では家庭が崩壊するような献金はあり得ません。伝道をするのも日本人です。入信する人の多くが男性で結婚目的でした」。集団結婚をした当時、在職証明書や最終学歴証明書の提出が義務付けられていました。しかし、夫の学歴や職歴、年齢までもすべてが偽装されていました。冠木さんはいいます。「統一協会では、何組結婚させたかが、評価や人事に直結しているのだと思います。教区長は夫に問題があると知っていました。にもかかわらず、偽装を見逃し結婚させたのです」

●洗脳が解けても苦悩

文鮮明は二〇一二年に死去します。それをきっかけに冠木さんは、帰国を決断します。統一協会では、文鮮明をメシア＝救世主と信者をマインドコントロールします。文鮮明の死は、冠木さんに「メシアではない」と気づかせ、マインドコントロールが解けました。

最初の夫の暴力も、次の夫による借金苦も、マインドコントロールされているときは苦労を神の国をつくるための〝試練〟ととらえていました。「頭の中がお花畑だったのです」と冠木さん。しかし、マインドコントロールが解けると、価値観や生き方を一から築きなおす必要がありました。統一協会では、勉強よりも信仰が優先されます。学歴もなく、韓国に約一〇年いた冠木さんには、日本に社会基盤がありませんでした。

しかも二人の子どもをかかえた四〇歳手前のシングルマザーです。毎日のようにハローワークに通いましたが、安定した仕事を得られませんでした。雇用を破壊してきた日本の経済政策も追い打ちをかけます。就ける仕事は非正規で低賃金ばかり。いつも違う職場に通い、チラシ折りや梱包《こんぽう》などの単純作業を行う日々が続きました。実の母親は孫たちに信仰を強いるため、世話を頼むことはできません。行政にＳＯＳを出しても、窓口で「信教の自由」「親子の問題」と、門前払いされることがあるといいます。

頼れる人も少なく、経済的にも追い込まれた冠木さんは、「いのちの電話」に電話しました。自己破産と心理治療を勧められました。母親の干渉から逃れるため、引っ越しを機に、住民票の閲覧に制限をかけました。

マインドコントロールが解けた当初、「だまされた」「人生めちゃくちゃにされた」と怒りがわきました。一方で、心理治療を通し、自身も統一協会にさまざまな人を引き込もうとした加害者であったと気づきました。自身の行いを償うため、また同じような経験をする人がいなくなるよう願い、執筆活動に励みます。「私はたまたま、『人生を台無しにされた怒り』を転換できました。でも一歩でも間違えたら、安倍晋三元首相を撃った山上徹也被告のようになっていたのではと思うのです」

冠木さんは家庭内でカルト問題を解決することは困難だとし、信仰の名のもとで虐待されている子どもや、苦しむ人たちの救済を求めます。そのためにも、「信仰ではなく虐待」という認識が、自治体や相談窓口で広がることが重要だと指摘します。冠木さんは訴えます。「一九九〇年代半ば以降、メディアで統一協会問題が取り上げられることがほとんどなくなりました。『空白の三〇年』と言われていますが、私たちにとっては『苦しみの三〇年』でした。党派を超え、この問題に取り組んでほしい」

●開祖が養子を指示

統一協会は東京都の許可を得ないまま、子どものいない信者家庭に、養子として信者の子どもを紹介していました。法令に違反する疑いがあるとして行政が調査に乗り出す問題となっています。子どもの人権を侵害する行為でもあります。そんな養子縁組が組織的に進められてきた大本には、文鮮明と韓鶴子夫妻の指示がありました。

「日本の信者が子どもをアメリカの信者家庭に養子に出したこともあります」。ある元信者はそう証言します。統一協会によると一九八一年から二〇二二年五月まで七四五人の養子縁組が行われました。ただ養子縁組あっせん法に基づく民間の養子縁組あっせん機関として東京都の許可を得ていませんでした。

同法は、養子縁組にあたって児童福祉の専門的な知識に基づき「児童の最善の利益を最大限に考慮」するよう求めています。厚生労働省によると、無許可であっせん事業をした場合は一年以下の懲役または一〇〇万円以下の罰金が科されます。現在、厚労省と東京都は実態調査のため協会本部に質問書を出しています。

信者家庭の生活指針を定めた同協会のハンドブック（二〇二一年一月）には、「養子縁組」という項目があります。この本では文鮮明、韓鶴子夫妻が養子縁組を「許可」してくれたと説明しています。子どもが生まれた信者家庭に対して、「子女の授からない家庭にも分かち合う責任があります」と養子縁組に出すよう求めています。

また信者同士で養子縁組の合意ができた場合は本部家庭教育局への報告が義務付けられています。当初は文鮮明、韓鶴子夫妻の承認が必要でした。現在は日本本部会長が開祖夫妻の代理として承認しているとしています。

なぜ統一協会は組織的に養子縁組をしてきたのか――。古参の信者は「最初は文鮮明総裁の指示だった。養子縁組は初期からあった」としています。開祖夫妻による信仰生活の指示を収録した『侍義《じぎ》生活ハンドブック【み言《ことば》編】』（二〇一八年一一月）には、こんな言葉が紹介されています。「子女のいない家庭があれば、その家庭に自分の子女を養子として送ることができなければなりません」（一九六八年）。メシアとあがめられる開祖夫妻の言葉は教義そのものであり、マインドコントロールされている信者には強制力が働きます。
もともと統一協会は、集団結婚した信者から生まれた子どもを原罪のない「神の子」と位置付けます。神の子を増やすため文鮮明は避妊しないよう指導しています。信者二世にも「地上天国」をつくるためとして、「（夫婦は）子供がいなければ未完成であり、神様の愛を知ることができない」（『二世たちの行く道』）と出産を求めます。開祖と教義を優先し、子どもの利益を守る法律を無視する――。ここにも統一協会の反社会性が表れています。

●統一協会の信者二世は約八万人

安倍元首相の銃撃事件後、信者二世の被害は社会問題として多くのメディアが取り上げるようになりましたが、被害者である二世の人数はどのぐらいいるのか、明らかになっていませんでした。取材班は関係者の証言や統一協会幹部の発言を調べるなかで、被害者数に迫っていきました。

関係者によると、祝福二世は出生した時点での把握で、「五万人近い四万人台の後半だ」といいます。統一協会関連のサイトによると、協会日本本部を事実上指揮する方相逸《パンサンイル》・神日本大陸会長は二〇二二年一月の新年会合で、祝福二世は五万人いると明言しており、関係者の証言と一致します。方氏はこの会合で信仰二世については三万人いるとも述べています。祝福二世と信仰二世を合わせると約八万人いることになります。

この約八万人がすべて統一協会の活動に参加しているわけではありません。関係者によると協会の日曜礼拝などに参加している信者は一世と二世をあわせて約四万人だといい、実際に協会で活動している二世はさらに少なくなる見込みです。このため統一協会は二世対策に力をいれています。先の会合で方氏は、二〇二二年の大方針の一つだとして、すべての信者家庭が二世の協会復帰に「命を懸けなければなりません」と強調。「家庭連合に対して完全に背を向け、関わりを一切断っている二世だとしても、捜し出して導かなければなりません」と命じています。ある二世の元信者は、協会が二世を捜し出すよう指示していることに対して、「統一協会が自宅を訪問するなんて恐怖でしかない。やめてほしい」と語っています。

祝福二世で宗教二世問題ネットワークの副代表の山本サエコさん＝仮名＝は、「祝福二世は基本的人権を侵害された被害者という視点が大切です」と強調します。そのうえで「統一協会の教えがおかしいと感じた二世が相談できるホットラインや、同じ悩みを抱えた人が支えあうピアサポートなどの体制整備が必要です。また経済的に困窮していることが多いのでセーフティーネットを充実することも大切です」と指摘しています。

第2章　高額献金　新たな手法

●先祖供養を名目に

統一協会は資金集めの手法をここ約一〇年で変化させています。かつて盛んにやっていた霊感商法の刑事摘発が相次ぎ行き詰まったためです。近年では、信者に様々な理屈をつけて献金を出させるようになっています。その主要な献金が、先祖の霊の苦しみを解き天国に送ると称する「先祖解怨」です。取材班は献金の仕組みを解説した公式ガイドブックの写しを入手しました。そこには、「子孫に悪さをする」と脅し、縄文時代の先祖までさかのぼって供養のための献金を出させる手法が記されています。

取材班が入手したのは『先祖解怨・祝福　受付ガイドブック　第5版』（二〇〇七年四月発刊）です。これによると統一協会は文鮮明、韓鶴子夫妻の提唱で、霊界にいる先祖の苦しみを消滅させるとして、一九九九年から「先祖解怨式」という儀式を統一協会の本拠地である韓国・清平で始めました。ガイドブックによると供養が必要な先祖は当初一二〇代前まででしたが、文鮮明、韓鶴子の指示で二一〇代前まで必要になったとしています（現在は四三〇代前まで）。一世代を二〇年と計算しても縄文時代の先祖までさかのぼることに

統一協会発行の『先祖解怨・祝福　受付ガイドブック』

なります。

儀式のためには「解怨献金が必要である」とも。献金額は一～七代前までをひとくくりとして七〇万円。それ以後は、七代ごとに三万円となっています。統一協会は信者の父母それぞれの先祖だけでなく、父親の母方、母親の母方まで計四家系の先祖解怨を求めています。このため二一〇代前まで供養するためには、合計六二八万円の献金が必要になります。夫婦で信者の場合はあわせて八家系となるので、一二五六万円となる計算です。

■統一協会の「先祖解怨」の4家系

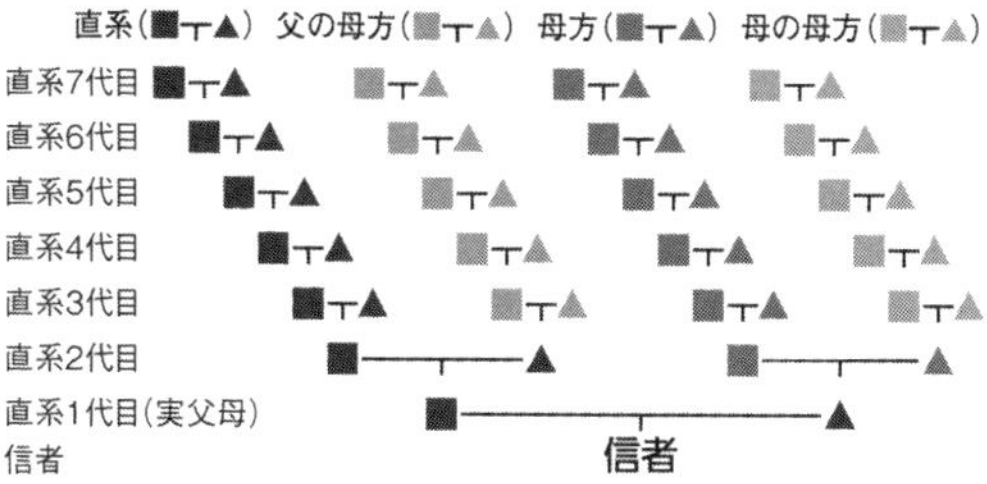

（『先祖解怨・祝福　受付ガイドブック第5版』から作成）

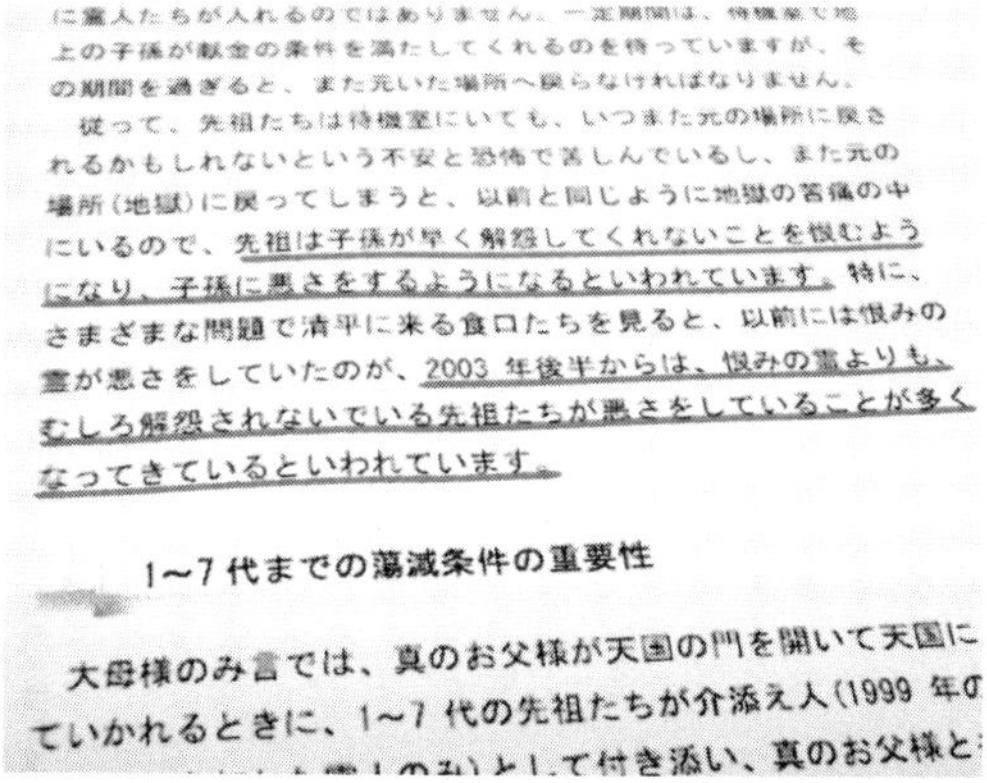

に霊人たちが入れるのではありません。一定期間は、待機室で地上の子孫が献金の条件を満たしてくれるのを待っていますが、その期間を過ぎると、また元いた場所へ戻らなければなりません。

従って、先祖たちは待機室にいても、いつまた元の場所に戻されるかもしれないという不安と恐怖で苦しんでいるし、また元の場所（地獄）に戻ってしまうと、以前と同じように地獄の苦痛の中にいるので、先祖は子孫が早く解怨してくれないことを恨むようになり、子孫に悪さをするようになるといわれています。特に、さまざまな問題で清平に来る食口たちを見ると、以前には恨みの霊が悪さをしていたのが、2003 年後半からは、恨みの霊よりも、むしろ解怨されないでいる先祖たちが悪さをしていることが多くなってきているといわれています。

1～7 代までの蕩減条件の重要性

大母様のみ言では、真のお父様が天国の門を開いて天国に入っていかれるときに、1～7 代の先祖たちが介添え人（1999 年の

『先祖解怨・祝福受付ガイドブック』には、先祖が「子孫に悪さをする」という脅し文句が記されています。食口（しっく）とは信者のこと

ガイドブックでは、献金を完納しないと先祖が子孫を恨むようになり「子孫に悪さをする」と信者を脅して、献金に仕向けています。不安感をあおるなどして自由な意思決定を制約した状態で献金させるのは違法行為

です。清平で先祖解怨の儀式に参加した元信者は「七代、一四代と解怨している間に、『何代目の先祖のためにアトピーになっている』とか言われる。病気を理由にして献金せざるを得なくする」と証言します。

さらに統一協会は、解怨された先祖が天国にいくためには、先祖の霊の「祝福」＝集団結婚が必要としています。先祖祝福結婚式のためには、先祖七代ごとに一万円の献金が必要としています。先祖解怨・祝福を繰り返すことで、献金額が膨れ上がる仕組みです。ある信者二世の三〇代女性は「先祖解怨の〝効果〟なんてないですよ。みんなが何百代前の先祖を解怨すると、どこかで先祖が重なってきます。そんな矛盾すら分からなくなるように信者はマインドコントロールされています」と指摘します。

●妻を脱会させたい

家族や親戚が統一協会に過度な献金をすることで生活資金が尽き果てる被害が後を絶ちません。九州に住む上村雅博さん（七〇代）＝仮名＝は、妻が親戚に数百万円を借りてまで統一協会に献金。「妻を脱会させたい」と訴えています。

雅博さんが異変に気付いたのは二〇〇五年ごろでした。「妻の親戚から電話があり『お金がほしいと連絡がきている。以前にも貸したことがある。なぜ、こんなにお金が必要なのか』と言うので、おかしいと思った」と振り返ります。妻の両親や親戚に詳しく聞くと「統一協会でつぼや印鑑を買っているようだ」「統一協会にのめり込んでいる」と、初めて聞く話が出ました。妻は雅博さんに「先祖の供養をしないといけない。平穏な家庭を保つためには、こういうモノが必要だ」と、統一協会に入信して物品を買ったことを認めました。

雅博さんは妻が献金した数百万円を取り戻そうと弁護士に相談し、統一協会に返金を要求。協会側から計三六〇万円が返金されました。しかし、妻と統一協会の関係は断ち切れませんでした。「縁を切らせてほしい」と統一協会の施設を訪ねた雅博さん。協会側の担当者は「いいですよ。ただ、奥さんが自分の意思で協会の施設に来たら、私たちは拒むことはできません」と答えたといいます。妻を統一協会の礼拝や信者の集まりに行かせないため、雅博さんは愛車を手放しました。「廃車にすれば行かなくなると思ったのです。ところが、その後は信者が家まで迎えに来るようになった」

妻は、パートの仕事で得た収入で献金するなど、現在も統一協会に「のめり込んでいる」といいます。雅博さんは、妻の手帳に記された献金記録を見てメモをとりました。手帳には、二〇一七年一月から二二年八月にかけ

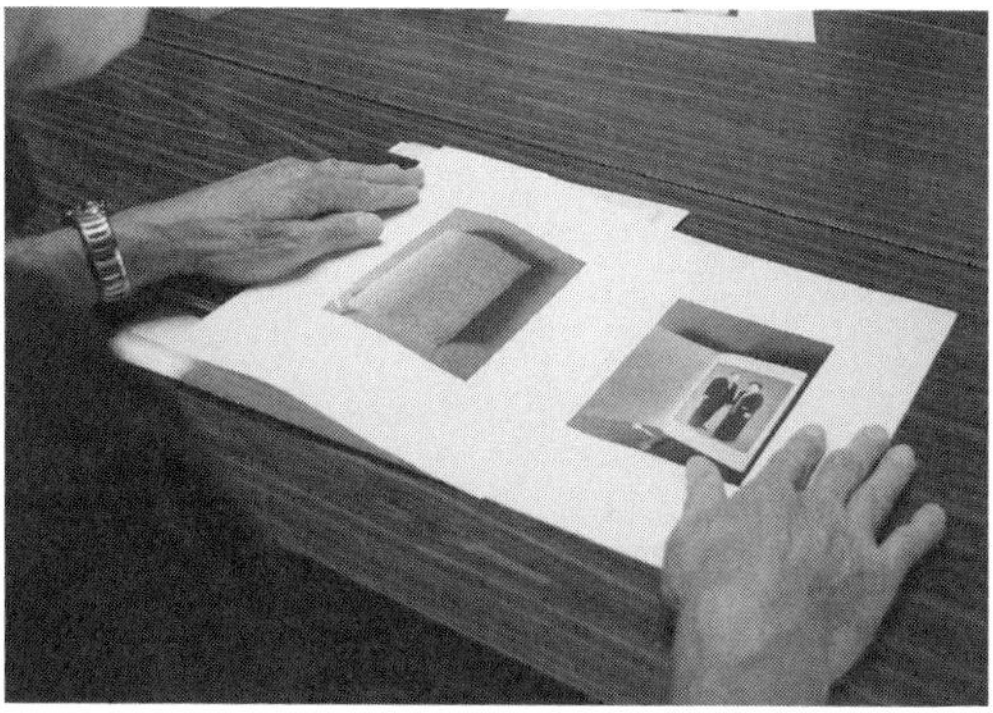

統一協会の資料を手元に置いて入信した妻のことを話す上村雅博さん

て統一協会につぎ込んだ金額が書かれていました。

毎月の収入の一割を差し出す「十分の一献金」に加えて先祖供養と称する「先祖解怨・先祖祝福」で多額の献金をしていました。親族の七〇代前までの先祖の供養で五四万六〇〇〇円を献金した記録もありました。約五年間の献金の総額は四三一万一六九〇円にのぼります。

雅博さんは「統一協会は反社会的だ。教祖を神様だと信じ込ませる教義は財産を巻き上げるための手段にすぎず、信者をマインドコントロールしてカネを集める詐欺集団だ」と憤ります。安倍元首相銃撃事件後、統一協会の問題が連日のように報じられ、雅博さんは「もうやめたらどうだ」と妻を説得。妻は「あなたはサタンにおかされている」「世間の人たちもサタンにおかされている」と聞く耳を持たない様子だったといいます。雅博さんは指摘します。「霊界の存在を信じ込ませて献金を要求する実態は変わらず、信者をマインドコントロールさせた上での献金は『自由な意思』とは言えない」

●献金は韓国の豪華施設建設に

日本の信者から集めた献金はどこに消えていくのか――。統一協会が「世界の祖国」「聖なる地」と位置付けている本拠地の韓国・清平では、いま「天苑宮《てんえんぐう》」という建築物を中心とした巨大開発が進められています。文鮮明の死後、協会総裁となった妻の韓鶴子が二〇一三年から推進しており、オープン予定は二〇二三年五月五日です。

清平では、日本の信者らも参加する「修練会」という洗脳合宿などが行われています。複数の元信者は「かつてはプレハブのような建物ばかりで、雑魚寝《ざこね》をしていた。トイレもくみ取り式の〝ぼっとん便所〟だった」と声をそろえます。そんなお粗末な施設が一変しています。古手の元信者は「韓鶴子が総裁になってから、清平の拡大路線に拍車がかかり、『天苑プロジェクト』なるものが始まった」と振り返ります。天苑宮は、そのプロジェクトの中核です。一体どんな施設なのか――。

天苑宮の完成予想図（統一協会の動画から）

統一協会が公開した映像によると、天苑宮の本館は白亜の石造建築で高さが最高六八メートル、幅一〇八メートル。「正統クラシック様式」で、エントランスタワーから本館まで二三六メートルあります。本館は統一協会の本拠地で「中央庁」と位置付けられています。ほかにも▽文鮮明、韓鶴子の「生涯記念館」▽野外彫刻公園や美術館――などがあります。文字通り一大プロジェクトで、統一協会は「地上天国のモデル」と称しています。韓鶴子自身は天苑宮の位置付けをこう説明しています。「天苑宮は地上におられる真の父母（文鮮明、韓鶴子のこと）が人類と全ての国を治められる場所です」（二〇一九年七月）。韓鶴子、統一協会が天苑宮から世界を治める、というのです。

建設費は公表されていませんが、相当な資金が投入されることが予想されています。問題は建設資金を日本の信者から無理に調達していることです。統一協会は天苑宮建設として、日本の信者に一家庭あたり一八三万円もの献金を求めています。古手の元信者は「一八三万円という数字の意味は、文鮮明と韓鶴子の年齢を合計した数だ」といいます。一般家庭からすれば明らかに高額な献金です。

安倍氏銃撃事件の後、高額献金に社会的批判が高まったことで、統一協会は日本本部の予算を半分にすると表明しました。しかし、天苑宮建設のための献金は〝別枠〟です。統一協会の勅使《てし》河原《がわら》秀行・改革推進本部長は記者会見（二〇二二年一〇月四日）で、天苑宮建設の献金は「予算（の削減）にかかわらず、たぶん韓国に送ることになる」と語りました。古手の元信者は「天苑宮建設は統一協会の自己満足であって、これのどこが信者の救いや世界平和とつながり得るのか、理解ができない」と批判します。

●使命感で献金

統一協会の勅使河原秀行改革推進本部長は先の会見で「献金のノルマはない。献金は信徒の意志で、無理強いは駄目ということだ」といい切りました。実際は天苑宮建設のために「地上天国のモデル」「人類歴史の完成」と信者をあおりたて、献金に向かわせてきました。

祝福二世の鈴木みらいさん＝仮名＝は「親は先祖解怨のツケで統一協会に八〇万円借りて、月一万円を返済しています。ほかにおじに七〇〇万円、サラ金に一〇〇万円借りています。それなのに天苑宮の献金を払おうとしていた」と憤ります。信者たちに求められるのは先祖解怨や天苑宮の献金だけではありません。鈴木さんの実家には、文鮮明の言説を記録した書籍の『聖本』『天聖経』やつぼなどが飾ってあります。統一協会が高額献金と引き換えに渡す〝霊感グッズ〟です。

両親は二〇〇〇年代初頭に、合計約一億六〇〇〇万円もの献金を統一協会にしていました。祖父の遺産が献金に回った、というのです。鈴木さんは自ら統一協会に返金を求めています。協会の勅使河原氏は会見で「反対する家族を無視して献金できないはずだ」と述べました。この言葉をもとに返金を請求しましたが、統一協会側は「大前提として献金した本人（親）の返金に応じます」と娘からの請求を拒否したといいます。

統一協会が霊感商法で販売したり、高額献金と引き換えに信者に渡したりしてきた〝霊感グッズ〟

なぜ信者は借金までして高額な献金をするのか――。勅使河原氏は「宗教の場合よかれと思って献金する」と述べています。しかし実態は違います。統一協会は、この世のお金はすべて神のものなのに、サタンに奪われていると信者をマインドコントロールしています。献金はサタンから神への〝復帰〟となり、「『地上天国』の実現という神の働きへの積極的な協力の表れ」とされるのです。この結果、信者たちは生活を破壊するほどの高額な献金へ駆り立てられます。鈴木さんは強調します。「統一協会は返金に真摯《しんし》に応じていない。法整備をして被害者を救ってほしい。霊感商法や高額献金で多くの被害者を生み、家族を分断する統一協会は、解散させるべきです」

●献金は日本の責任　開祖夫妻の「み言」

統一協会は特に日本の信者を資金源と位置付けて収奪を続けてきました。内部資料などから、その一端が見えてきます。

統一協会は現在建設中の「天苑宮」とは別に、韓国・清平の巨大建築物「本殿聖地（本宮）」のための献金を二〇〇〇年代にも日本信者に強要していました。これに関して文鮮明、韓鶴子夫妻によるとされる「み言《ことば》（＝発言）」が、統一協会の横浜教会（中央神奈川教区）が二〇〇三〜〇六年ごろに信者に配っていたカードに生々しく記載されています。

「本最聖地本宮の完成は、㊐の責任です。頑張って成し遂げて下さい」「㊐は精誠を尽くすんだよ！」「全家庭140K勝利！」

「㊐」は日本を指すとみられます。脱会した元信者による「青春を返せ訴訟」の弁護団が二〇

○四年に札幌地裁に提出した準備書面によると、信者はこの時期、建築事業のために親族の三家族を信者にし、三家族分計四二〇万円を献金するよう求められていました。一家族あたり一四〇万円です。カードにある「全家庭140K」が一四〇万円を指すとすると、符合します。「K」は献金とみられます。協会の霊感商法で二〇〇九年に協会側への有罪判決が確定した事件で、法廷で証言した元信者の女性が「信者献金」を「SK」と呼んでいたと語っています。

これらのカードの内容は、二〇〇七年以降に統一協会の当時の中央神奈川教区長が内部向けに編集したとされる『神奈川統一運動史』に掲載されています。全国霊感商法対策弁護士連絡会（全国弁連）が入手しました。地方組織の内情や沿革、献金集めの実態が詳細に書かれています。カードは、協会施設に信者を集め、献金や物販の目標を確認し実行を求める定例の集会の際、一人ひとりに配られたといいます。

韓国本部や国外の統一協会組織の莫大《ばくだい》な維持資金が、日本信者による献金や霊感商法などの活動に支えられていることを、統一協会の元幹部が暴露したことがあります。協会本部広報局長を兼任していた協会関連紙「世界日報」の元編集長が一九八四年、『文藝芸春秋』に論文「これが『統一教会』の秘部だ」を寄稿しました。この中で元編集長は、一九七五年の「送金命令」以来、日本側が文鮮明に毎月二〇億円、計二〇〇〇億円余りを「納金」してきたと説明。統一協会は「日本統一教会員の活動なくして、財政、資金の調達ができない」と明かしています。

●開祖の叱責二時間半

『神奈川統一運動史』には、文鮮明自身が日本統一協会の幹部に対して直接、激しい口調で献金などの貢献を求める様子も記されていました。『運動史』編集の中心人物とみられる協会中央神奈川教区長が寄せた一文です。一九九七年六月、当時の日本会長ら幹部二十数人と教区長が、米ニューヨークの文鮮明の豪邸で開祖と面会した場面をこう振り返ります。

「そのみ言《ことば》は大変厳しいものだった。日本の責任を果たしていない事に対して、『エバ国から、はずして欲しいんだったら、今、言いなさい。すぐ外してやるよ！どうなの石井（光治・当時日本会長）！江利川（安榮・後の会長）！』と何度も言われるお父様（文鮮明）の前に、石井会長は、極度の緊張で体を震わせていた」「ポロポロと溢《あふ》れる涙を止めることができなかった」「江利川会長は、泣きながら、『頑張ります』と幾度も答えていた」。叱責は約二時間半続いたといいます。

統一協会は日本を「エバ国」と位置づけ、「日本はすべての物質を収拾して、本然の夫であるアダム国家、韓国に捧《ささ》げなければならない」（開祖夫妻の発言集『天聖経』）と主張しています。しかしこの叱責の後、教区長が「一一月までに一〇〇やります！」と決意表明をすると、文鮮明は「うんうんとうなずきながら、石井会長に『頑張るんだよ』と笑顔で励ましてくれた」といいます。

全国弁連代表世話人の山口広弁護士は、「一〇〇やります」が「一〇〇億円を献金する」を意味する可能性があるとみます。脱会した元信者による「青春を返せ訴訟」の弁護団が二〇〇四年に札幌地裁に提出した準備書面も同様の見方です。

日本に対する文鮮明の姿勢について、前出の「世界日報」元編集長はこう説明していました。

「それは、日本の復興は朝鮮戦争の特需によるもので、韓国・朝鮮人の犠牲のうえに日本の繁栄が成り立っているという理屈である。だから、教祖は、日本から莫大な金額を持ち出すことも、そのために日本人会員が苦吟《くぎん》することにも、良心の呵責《かしゃく》を感じないと断言している」

日本の協会幹部の、文鮮明の前での態度について山口弁護士は「日本幹部は『神様』である文鮮明の前では何の決定権もない僕《しもべ》でしかない。開祖の指示を忠実に実行することだけが彼らの役割だ」と話します。前出の準備書面はこれらのやりとりから「文鮮明が日本統一協会の行う経済的収奪活動を直接命令していることが明らかだ」と指摘しています。

●元幹部が告発

取材班は統一協会日本本部の元幹部が、高額な献金を信者から集める協会の手法について、「社会的モラルに反する」などと問題点を批判した手記を入手しました。手記は統一協会日本本部の元家庭教育局副局長の櫻井正上《まさうえ》氏が作成し、一部の大手メディアなどに送っていたもの。櫻井氏は一九九八年から約二〇年間、協会本部に勤務。協会運営に異論を唱えたため二〇一七年に解任されました。櫻井氏の父親は一九九五～九六年に協会会長を務めました。

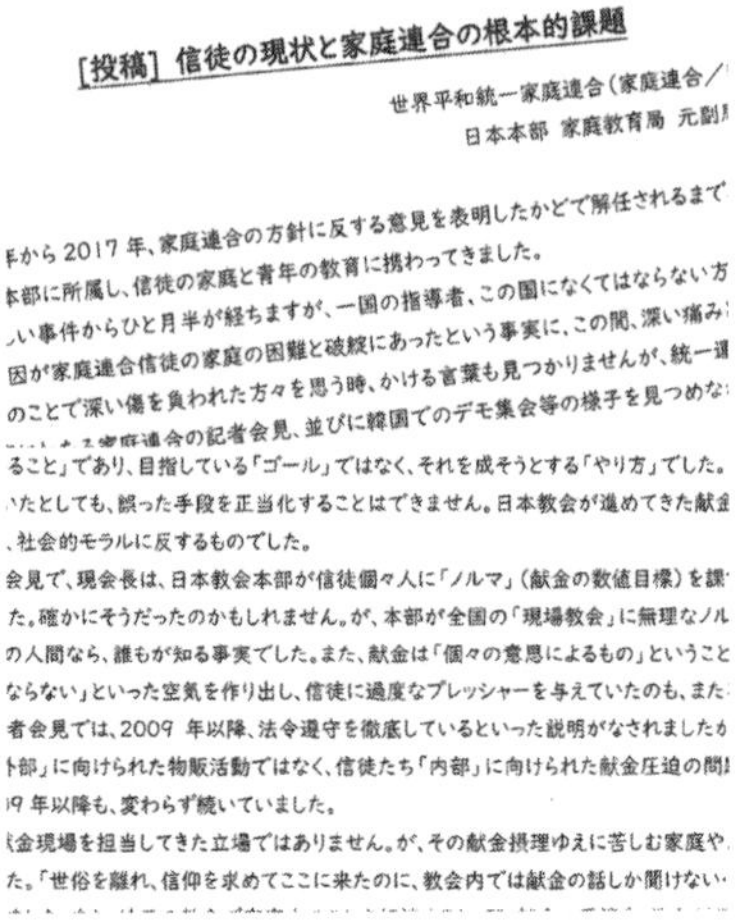

[投稿] 信徒の現状と家庭連合の根本的課題

世界平和統一家庭連合（家庭連合／

日本本部 家庭教育局 元副

から 2017 年、家庭連合の方針に反する意見を表明したかどで解任されるまで

本部に所属し、信徒の家庭と青年の教育に携わってきました。

い事件からひと月半が経ちますが、一国の指導者、この国になくてはならない方

因が家庭連合信徒の家庭の困難と破綻にあったという事実に、この間、深い痛み

のことで深い傷を負われた方々を思う時、かける言葉も見つかりませんが、統一

家庭連合の記者会見、並びに韓国でのデモ集会等の様子を見つめな

ること」であり、目指している「ゴール」ではなく、それを成そうとする「やり方」でした。

いたとしても、誤った手段を正当化することはできません。日本教会が進めてきた献

、社会的モラルに反するものでした。

会見で、現会長は、日本教会本部が信徒個々人に「ノルマ」（献金の数値目標）を課

た。確かにそうだったのかもしれません。が、本部が全国の「現場教会」に無理なノル

の人間なら、誰もが知る事実でした。また、献金は「個々の意思によるもの」ということ

ならない」といった空気を作り出し、信徒に過度なプレッシャーを与えていたのも、また

者会見では、2009 年以降、法令遵守を徹底しているといった説明がなされましたが

部」に向けられた物販活動ではなく、信徒たち「内部」に向けられた献金圧迫の問

9 年以降も、変わらず続いていました。

金現場を担当してきた立場ではありません。が、その献金摂理ゆえに苦しむ家庭や

た。「世俗を離れ、信仰を求めてここに来たのに、教会内では献金の話しか聞けない

統一協会の日本本部元副局長が公表した手記。協会の献金集めを「社会的モラルに反する」などと指摘しています

手記は日本の協会が「世界の活動資金の負担を強いられてきたのは事実」だと指摘。資金集めのため信者の家庭が「尋常でない困難を経験してきた」と述べています。親が協会活動に明け暮れたため、経済的に苦労した信者二世たちがいることにも言及。▽家計が苦しく大学進学を断念し、きょうだいたちの進学資金のために働く▽献金要請が強まると親が子どもの教育費や学資保険を解約して献金した▽二世自身が親の借金を肩代わりした――などの実例を紹介しています。

統一協会の田中富広会長は二〇二〇年八月一〇日の会見で、信者に献金のノルマを課したことがないと述べました。これについて櫻井氏は、「本部が全国の『現場教会』に無理なノルマを課していたことは、内部の人間なら、誰もが知る事実でした」と批判。協会が信者に対し献金を「しなければならない」という〝空気〟をつくり出し、過度なプレッシャーを与えてきたとしています。これらの手法について櫻井氏は「明らかに、社会的モラルに反するものでした」と断言しています。櫻井氏が副局長の時に献金問題について上層部に意見をすると、「あなたはあなた

の使命に殉ぜよ」と相手にされなかったといいます。

また「今でも、日本から莫大な献金が世界（韓国）に送られているはずです」と証言。本紙の取材では、日本で月約二〇億円近くを集め、うち約三割が韓国の協会本部に送金されたとみられます。日本の統一協会は韓国にある「世界本部の、特に教団トップから下りてくる指示には応じる他ありません」と韓鶴子総裁らの指示が〝絶対〟になっているという実情も明かしています。

櫻井氏は手記の事実関係についての本紙の質問に、「日本共産党とは主義・主張が異なるため、コメントは控えさせてください」としています。

●日本で不動産買いあさり

統一協会が被害者から集めた資金は韓国本部に費やされただけではありません。日本国内では不動産を買いあさっていることが、取材班と日本共産党国会議員団の独自調査で判明しました。

全国に二九〇カ所ある統一協会（世界平和統一家庭連合）の教会施設のうち、九三施設（三二％）の不動産を協会が所有していたのです。とくにここ一二年で急速に資産を増やしており、いずれも金融機関から借金せずに購入しています。

調査対象は、統一協会が公表している教会施設と本部の計二九〇施設。登記簿謄本をとり確認しました。保有が判明したのは九三施設。確認できた土地面積は合計約七万四七〇〇平方メートルで、東京ドーム一・六個分の広さです。その他の教会施設は賃貸とみられます。宗教法人法では、宗教法人が認めない限り、信者に対しても資産が公表されません。このため統一協会は資産を非公開にしており、この調査で初めて協会の所有不動産数の一端が明らかになりました。

地域ごとでみると、中国四国地方が一六施設、東海地方が一四施設などとなっています。入手時期は二〇一一～二二年に集中しており、六二施設を取得しています。総務省や法務省によると、宗教法人が本来の宗教活動に使う本殿などの施設は、不動産取得税、固定資産税、登録免許税が免除されます。統一協会は優遇措置を利用し、資産を増やしています。

統一協会の不動産は、一九九〇年代以前に購入したものを除き、いずれも当初から金融機関の抵当権がついておらず、現金など自己資産で取得したとみられます。全国霊感商法対策弁護士連絡会によると、霊感商法や献金などの被害額は一九八七～二〇二一年までに合計約一二三七億円にも上ります。被害者らは被害救済や統一協会に解散命令を出すよう求めています。被害救済に取り組んできた渡辺博弁護士は、「統一協会所有の不動産は、被害者への返済に充てる原資になる。ただ解散した場合、不動産を別法人の名義にされる可能性がある。私たちは政府に統一協会の資産を保全するよう求めている」と述べています。

統一協会が不動産購入を加速させた二〇一一～二二年には一体何があったのか――。統一協会は二〇〇七年ごろから二〇一〇年代にかけて霊感商法を捜査当局から相次いで摘発されました。このため統一協会は霊感商法から信者に高額献金をさせる手法に変更しています。協会が不動産を買いあさった時期は、高額献金の被害が増えていく時期と重なります。

統一協会の内情を知る元信者は、この時期に日常活動の拠点である教会の数が増えたわけではないといいます。急に不動産を取得するようになった理由については、「施設が借家だと将来的には損失が多く、地方などでは購入したほうがよいという話が出ていた」と証言します。

他方、大都市とその周辺でも多くの不動産を取得しています。東京・千葉・埼玉・神奈川の一都三県には一七施設。愛知県、大阪府には、それぞれ六施設あります。都市部は地価が高いので購入する際には、免税措置が有利に働きます。

寄付、贈与で得た不動産が多いのも特徴です。一九九二〜二〇二二年にかけて、一三施設を寄付、贈与で獲得しています。統一協会はマインドコントロールした信者に不動産を譲渡させてきましたが、その〝成果〟が表れているといえます。直近では、安倍氏銃撃事件の後である二〇二二年一二月五日に横浜市青葉区の土地と建物が寄付されています。土地は約四七九平方メートル、建物は地下一階地上二階の鉄筋コンクリート造りです。寄付者は、一九九一年に金融機関から借りた二億一五〇〇万円を寄付の約九カ月前までに弁済。その上で寄付をしています。

統一協会は違法な霊感商法や高額献金などで集めた資金で、税金優遇も活用し施設を増やしてきました。その施設とは信者をマインドコントロールする場でもあります。施設を買うことでも、使うことでも被害者が増えていく構図です。

宗教二世問題ネットワーク副代表で統一協会の信者二世でもある山本サエコさん＝仮名＝の話

統一協会が九三施設もの不動産を入手していること、それらに不動産所得税や固定資産税がかからないことに驚いています。協会に献金しすぎて困窮した両親のために、私は奨学金を生活費に回しました。今も奨学金を返済しています。結果的にみれば私の返済が統一協会の資産になったのと同じことです。被害者への返済の原資となる不動産を、協会が隠さないよう政府は保全をしっかりとしてほしい。

日本共産党国会議員団統一協会問題追及チーム事務局長の宮本徹衆院議員の話　近年に統一協会の保有資産が急増した背景には、信者をマインドコントロール下において献金を強要してきたことがある。施設を拠点に、さらなる被害を広げ、自民党候補らの選挙支援も行ってきている。これらの施設保有への税制優遇はやめるべきであり、岸田政権には速やかな解散命令請求を求めたい。

第3章　霊感商法と違法伝道

統一協会が被害を拡大させた「原点」ともいうべき手法が「霊感商法」です。近年は報道されることも少なくなり、安倍氏銃撃事件までは、若い人たちの間では霊感商法という言葉自体が知られていませんでした。霊感商法には統一協会の反社会性が凝縮されているといえます。取材班はあらためてその手法を追いました。

●欺いたことを後悔

二〇〇〇年代に脱会した元信者の大野光男さん（四〇代）＝仮名＝は、自らも霊感商法をしていました。「『無料で姓名判断をします』という誘い文句のハガキを送り、ヒスイの印鑑を四〇万円で売った。『霊界で苦しんでいる先祖を解放しなければ』と不安をあおると、信じてしまう人がいた」と証言します。

信者グループの中心的な存在だったという大野さん。「一軒ずつ訪ねて『福祉のためになります』とでたらめを言い、一〇〇円のハンカチを五〇〇〇円で売り歩いたこともある。そんなことを日常的にやっていた」と振り返ります。「うそをついて人を欺く反社会的活動だった。ものすごく後悔している」と胸中を打ち明けます。

入信のきっかけは、私立大学に通っていたとき、駅前で同世代の信者から話しかけられたことでした。数日間のセミナーで統一協会の開祖・文鮮明を「救世主」とする教義を脳内にたたき込まれ、その流れで献身（出家）させられました。

その後、大野さんは東京都内にある「ホーム」と呼ばれる統一協会の寮に入り、大学生ら三〇人ほどで共同生活を送るようになりました。「ホームの隊長に預金通帳を取り上げられ、毎月一万円しか支給されなかった。そこから一〇％の会費を統一協会に納めるので、九〇〇〇円しか手元に残らない」。そうした状況で、大野さんたちは朝から晩まで協会に勧誘する伝道に駆り出されました。大野さんは「地方出身の大学生など、都会で孤独を感じやすい人に狙いを定め、正体を隠して友人関係をつくった」と明かします。

活動を続けるうちに、大野さんはこんな体験もしました。「亡くなった父から相続した土地があることを身近な信者に知られ、群がるように献金を要求された。その土地を二〇〇〇万円で売り、全額を統一協会に寄付させられた。お父様（文鮮明）にジェット機を買うためだと説得されて寄付したこともある」。信者は多額の寄付をすれば「次の代まで救われる」といわれ、走り回って寄付金を集めるとも。総額三〇〇〇万円の寄付をした信者の「表彰」もあり、その金額を目標とする人もいたといいます。

●新世事件　霊感商法の実態

統一協会の田中富弘会長は記者会見（二〇二二年八月一〇日）で、「霊感商法なるものを過去においても現在も当法人が行ったことはない」と主張し、霊感商法とは無関係との立場を強調しま

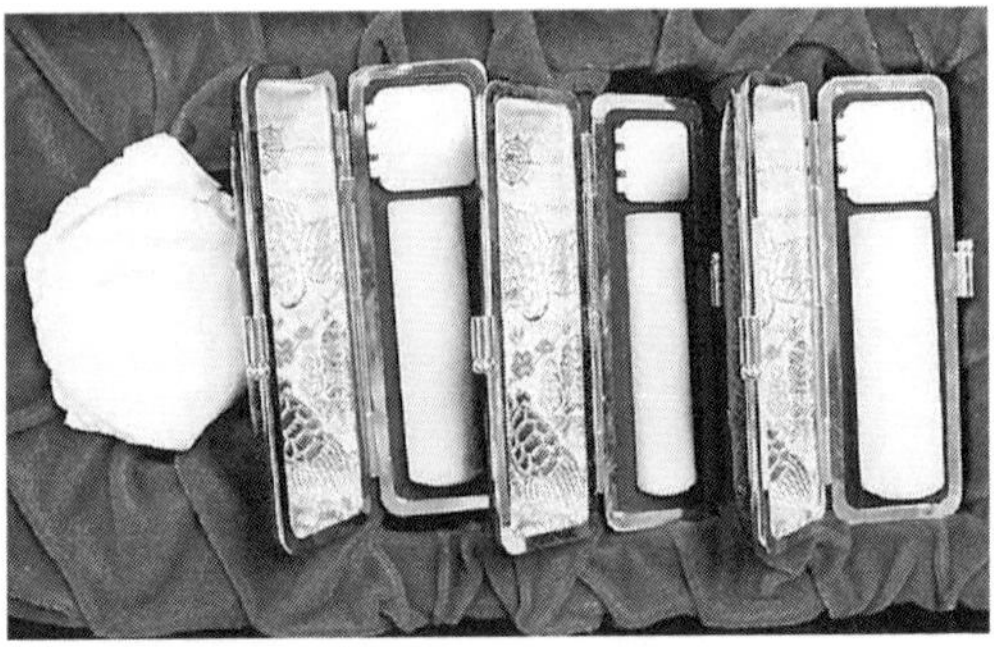

統一協会の霊感商法で販売会社「新世」が客に購入させていた印鑑

した。

しかし二〇〇九年に霊感商法と協会の活動が一連のものだと裁判で認定されたのが、印鑑販売会社「新世」（東京都渋谷区）の事件でした。同社や複数の協会施設を警視庁が捜索し、特定商取引法違反の罪で社長（懲役二年、罰金三〇〇万円、執行猶予四年）らと「新世」（罰金八〇〇万円）の有罪が確定しました。同社は社長以下、全社員が統一協会の信者でした。

ここに一通の調書があります。調書は、新世事件で元信者の女性が東京地裁の法廷で証言した記録です。女性は、事件前にこの社長による「印鑑店舗からいかに信者をつくっていくかという流れの講義」を聞いたと証言し、こう振り返りました。「講義が終わった後に講師が、『このラインに乗せると、ひと月で女性は全部自分の財産なくすんだよ』って……自慢げに話をしていた」「普通の人が印鑑を買っただけで……そこまでなってしまうということがものすごい」

この裁判で裁かれた「新世」は、通行人に「姓名鑑定をする」などと声をかけて事務所に連れていき、客の悩みや心配事は「先祖の因縁だ」と不安をあおり、印鑑を四〇万～三〇〇万円で売りつけていました。東京地裁は判決で、同社が「客を統一協会に入信させる……ことも目的として印鑑販売をしていた」と認定。販売手法と信仰が「混然一体」だったと指摘しました。

取材班はこの裁判の刑事確定訴訟記録の一部を入手しました。印鑑販売マニュアルや社長ら作成のレジュメなどの社内文書、社長や販売員、被害者の供述などが多数含まれます。

社内文書の一つ、レジュメ「二〇〇二年の渋谷フォーラムの役割」は、渋谷の活動拠点から押収されたハードディスクに入っていました。そこに露骨な文句が書かれています。「ＳＫ（信者献金）を出させるのが最高の教育」「ＳＫを出して教域、教区を積極的にサポートする」。販売員の使命は資金面で統一協会を支えることだと明示します。女性は「信者が教えを守り、手にした報酬に限らず、借金してでもできるだけたくさん献金するのは当たり前と受け止められていた」とも語っていました。

●資産状況を把握

「新世」には「新規からの基本的な流れ」と題する社内文書もあります。街頭で客に声をかけるところから「基本トーク」で印鑑を売りつけ、さらに「アフターケア」としてビデオ視聴などの信者獲得のステップに進む流れが、所要時間とともに書かれています。

その早い段階で明記されているのが、「財把握：誰が主管しているのか。決定権を知る」という手順です。街頭で「姓名判断をする」と声をかけて客を事務所に連れてきてから一時間以内

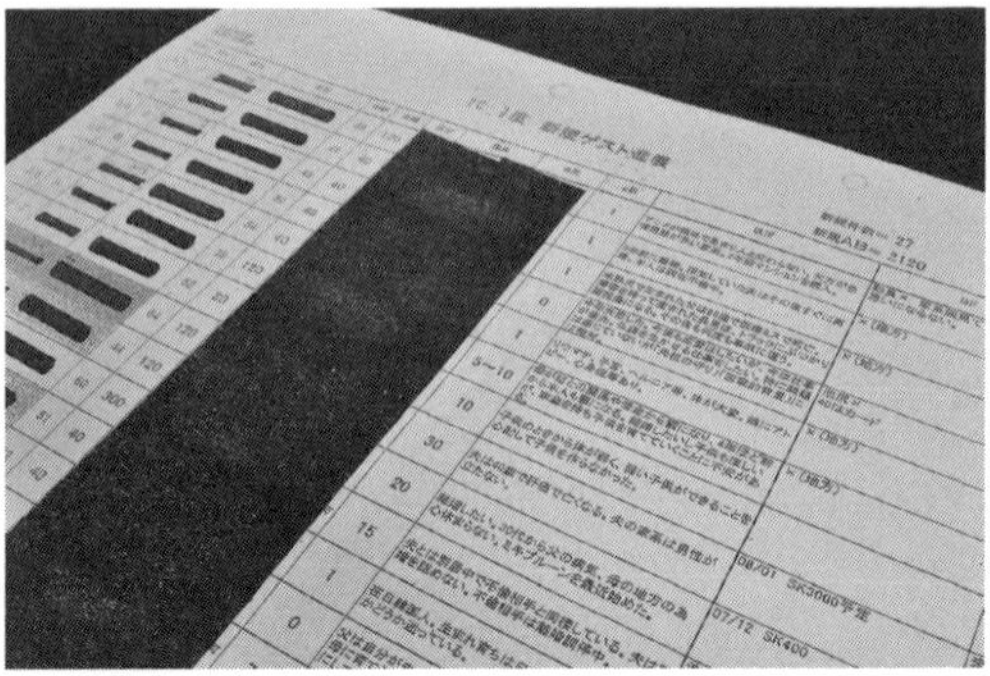

印鑑販売会社「新世」の「新規ゲスト進展」文書。大きい黒塗りのすぐ右の欄が客の財産を示す「ｇ数」

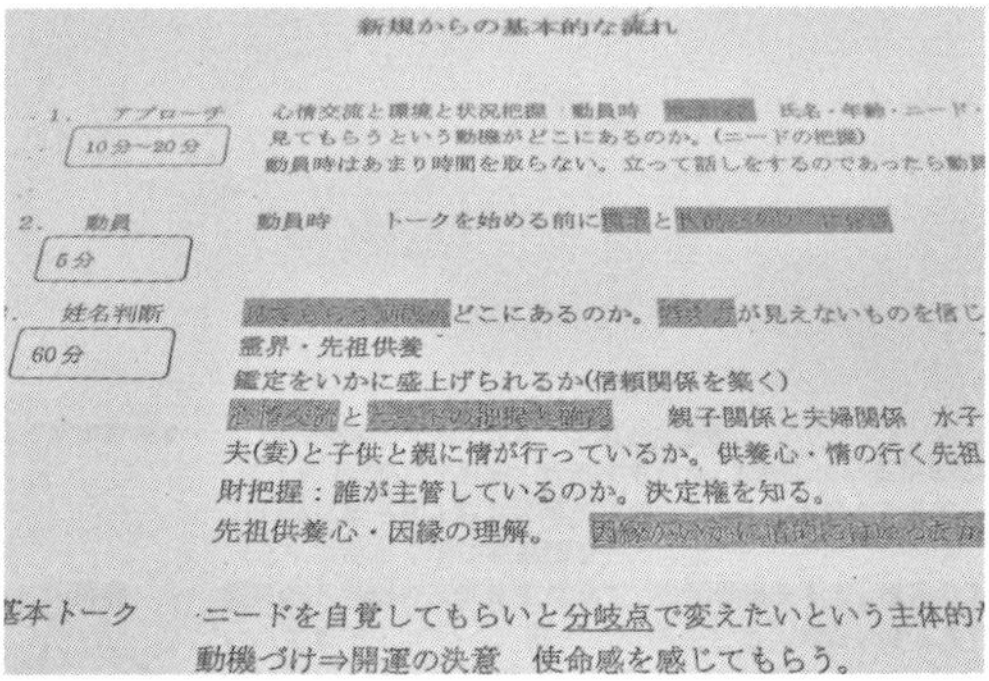

新規からの基本的な流れ

1.　アプローチ　10分〜20分　心情交流と環境と状況把握　動員時 [redacted] 氏名・年齢・ニード・
見てもらうという動機がどこにあるのか。（ニードの把握）
動員時はあまり時間を取らない。立って話しをするのであったら動員

2.　動員　5分　動員時　トークを始める前に [redacted] と [redacted]

3.　姓名判断　60分　[redacted] どこにあるのか。[redacted] が見えないものを信じ
霊界・先祖供養
鑑定をいかに盛上げられるか（信頼関係を築く）
[redacted] と [redacted]　親子関係と夫婦関係　水子
夫（妻）と子供と親に情が行っているか。供養心・情の行く先祖
財把握：誰が主管しているのか。決定権を知る。
先祖供養心・因縁の理解。[redacted]

基本トーク　ニードを自覚してもらいと分岐点で変えたいという主体的な
動機づけ⇒開運の決意　使命感を感じてもらう。

文書「新規からの基本的な流れ」には、姓名判断を始めてから60分の間に「財把握」をすると記述

に、客の資産規模と処分権の在りかをつかむといいます。

同社は、こうして資産状況を把握し印鑑を購入させた客の情報を、表計算ソフトで月ごとに管理していました。「新規ゲスト進展」と題する文書には、担当者名や客の個人情報が並ぶほかに、「ｇ数」という項目があります。有罪が確定した同社営業部長は、これを「一〇〇万円を一グラムと置き換えたゲストの財産」だと解説していました。

例えば「ｇ数」が「30」とされた客。右の項目に「08／01　ＳＫ３０００予定」と書かれています。営業部長は検察官に、この客が「フォーラムで三〇〇〇万円をＳＫ、つまり献金する予定であった」と説明しました。「フォーラム」とは、統一協会内で「文化フォーラム（ＢＦ）」など

と呼ばれる、店舗とは別の「統一協会の原理を教える施設」（営業部長の供述）。教義を刷り込むビデオなどを繰り返し視聴させる場所でもありました。

文書「新規ゲスト進展」は、こうしたフォーラム類への客の勧誘状況も記録。「状況」という項目には客から聞き取った悩みや心配事も書かれています。「夫は自己中心的」「長男が原因不明の発熱」など、記述は具体的です。

「g数」の大小に応じて、その客に対するその後の勧誘などのあり方を変えていたとみられます。例えば営業部長は供述調書の中で、ある客について次のような趣旨の説明をしていました。「財産が〇・五グラム、つまり五〇万円と少ないため、フォーラムにつなげないつもりだった。しかし担当者の強い希望により、フォーラムに動員することが決まった」

客の資産規模への執着は、多くの社内文書からもうかがえます。ハードディスクにあったあるレジュメは、「出会いたいゲスト」として「ＳＫ１億できる人」を挙げています。二〇〇六年一月に社長が従業員にあてたとみられる文書は「今年の新世の年頭目標」として「一万グラム（一〇〇億）の篤志家《とくしか》ゲストと出会います！」と記していました。

●印鑑販売トークマニュアル

「新世」は販売の「トークマニュアル」を使って被害を拡大させました。幹部や販売員、被害者の供述調書などから、当時の「トークの実態」が見えてきます。

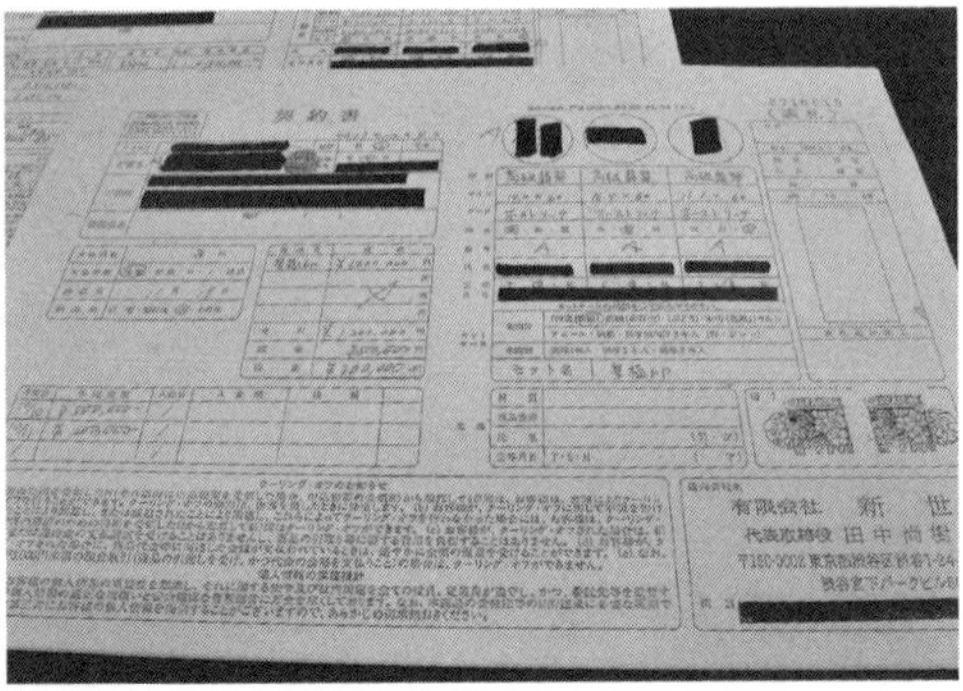

印鑑販売会社「新世」の契約書。３本セットで120万円

同社は三本セットで四〇万～三〇〇万円の印鑑を販売していました。社長が検察官に「トーク」の狙いを簡潔に説明しています。「お客様に姓名鑑定などを行いながら、『ニード』、すなわち、悩み事や関心事などを聞き出し、それが先祖の因縁であることを伝え、運勢を変えるためには印相を変える必要があるなどと述べて、印鑑を販売するというものだった」

やはり有罪が確定した同社営業部長が、さらに詳しく狙いを説明していました。「悪い因縁話をしなければ、ゲストに『切実感』を持たせることができない」「『切実感』を持たせない限り、街中と比べて高額な印鑑を買いたいと決意させることはできない」。販売員の女性は、「姓名鑑定は客の悩み事や関心事を知るための題材にすぎなかった」と供述します。

トークに使ったのはパーティションで区切った二メートル四方程度の部屋。客の隣、出入り口に近い側にはアシスタントが座りました。「お客様にしてみれば出口をふさがれ、事実上軟禁状態に置かれたと感じたことになる」。トークの途中、「鑑定士」役の販売員はたびたび中座し、別室にいる上司に客の反応などを報告し、指示を仰いだといいます。

被害者からはどう見えるか。二〇〇七年に「運勢鑑定をする」と声をかけられた女性は、印鑑を買わされ、いったんは一〇〇〇万円を献金させられました。四〇歳の夫を病気で亡くしていた女性は、「先祖がたくさんの人を殺した因縁だ」と聞かされ、「私や息子に不幸でも起きるのではないか、息子も四〇歳で亡くなるのかと不安を感じ、どうしたらよいか戸惑ってしまった」。一二〇万円の印鑑購入を決めました。

これで「不安や戸惑いをいったんは解消できたと思った」といいます。しかしその後、「先祖の因縁」を語るビデオを繰り返し見せられるうちに「やはりどこかに心配が残っていたため、ビデオにくぎ付けになった」。そして、家族を不幸から救うため「〇〇家の中心人物はあなたが、因縁を断ち切れる」などと説得され、「何度も言われるうちに、心の欠けた部分を埋めてもらったような充足感、満足感がわいてきた」。そして「お金を天に捧げることに決めた」と振り返っています。

全国霊感商法対策弁護士連絡会代表世話人の山口広弁護士は「家族を大切に思うやさしさにつけこみ、誰もが抱える悩みを先祖の因縁のせいだと思い込ませるのが統一協会の手口だ」と語ります。

同社は客に、即座に払えるだけの現金を払わせました。販売員が金融機関のＡＴＭに同行することもありました。また、印鑑購入を家族に言わないように告げていました。営業部長がこの狙いを供述しています。「『陰で徳を積むことが善だ』という教えがある。もっとも、端的に言えばキャンセルを防ぐためだった」

●販売員からも搾取

被害者に高額の印鑑を売りつける「加害者」の立場である販売員自身が、ノルマや膨大な献金を課され協会に搾取される構図も見えてきます。「新世」社長が二〇〇六年一月に作成したとされる、従業員向けの文書。「愛する前線の兄弟姉妹の皆様！　新年明けましておめでとうございます！」との表題で、「今年の新世の年頭目標」として唱和を求めています。

「一、毎月2100を必ず達成致します！」「一、一日目標430は必ず達成致します！」「一、個人の実績において新記録をつくります！」。数字の単位などは不明ですが、警視庁の捜査報告書はこれらを「印鑑販売に関し、明確な目標を掲げるとともに競争心をあおり、目標達成を指示していた」ものと位置づけています。

ある販売員の女性は、二〇〇九年一月の間に四件の契約実績を上げるとする「決意文」を社に提出したと供述しています。「四〇万円の印鑑セットを一セット、八〇万円を一セット、一二〇万円を二セットの計三六〇万円。かなり高い目標だったが頑張って設定した」

別の女性はこうした努力の「原動力」を供述でこう表現しました。「お客様に印鑑を持ってもらうこと、統一協会に入信してもらうことが、お客様のためになると思って、お客様を救いたいという気持ちで臨んでいた」

実際に路上で客を勧誘し、契約にこぎつけるには苦労もあったようです。販売員として週四日、街頭に出たというまた別の女性はこう語っていました。「一日で二〇人から三〇人くらいに声をかけ、そのうち事務所に連れて行けたのは、週に一人か二人あればいい方だった」「事務所に連れて行けても……契約率は五〇％くらいだった」

販売員の社内でのポジションにもよりますが、契約額の一〇～三〇％を報酬として受け取っていたとの供述があります。しかしこの女性はこうも語っています。「私は信者だったから、もらった報酬も次から次へと要求される献金に使ってしまった。ゆとりができるということは全くなく、逆に借金をしたり、家の貯金を夫に無断で解約するなどして献金していたので、お金には困っていた」

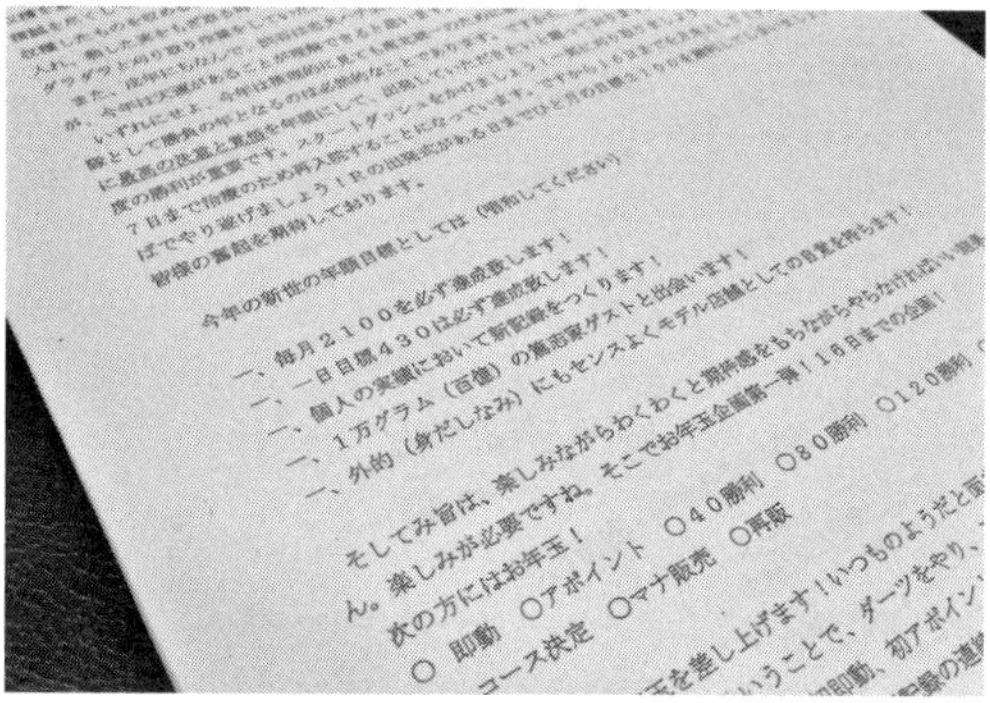

印鑑販売会社「新世」の社長が2006年１月に従業員にあてた文書。「今年の年頭目標」を列挙している

別の地域で販売員をしていた元信者の女性は、数多くある献金項目について法廷でこう証言しています。「月例献金とか祝福献金とか、必ずやらなければいけない義務献金があって、例えば愛天愛国献金が一〇〇万とか一一〇万とか。一万ドル献金で一一〇万とか……聖殿をつくるから聖殿献金だとか、そういう名前がいっぱい、いろんな種類が

あった」

客がいったん買った印鑑をキャンセルし会社が返金した場合は、販売員が「販売代金に応じて支給されていた歩合給を会社に返金したり、次の給料から差し引かれたりする」という供述もありました。

●販売と信仰は混然一体

新世事件の訴訟記録からは、判決が認定した通り、印鑑販売と協会の宗教活動が不可分だった実態がみえてきます。社内文書には「Ⅰ（BP）からBF・教育Sの全体像」とするチャート図がありました。前出の山口弁護士は、「『Ⅰ』は印鑑の意味。『新世』社長が印鑑販売と信者勧誘の実績を上げるために作成した文書だ」と解説します。

「一番左の『店舗』で客に印鑑を売ってから二週間で統一協会のビデオや書物を学ぶ段階に進ませる。半年あまりで『トレーニング』などを経て、入信まで進めるよう指示している」

右の最終段階にある「実践」は、販売員として街頭に立つこと。霊感商法の被害者が信者になり、「加害者」の立場にされることを示します。その手前の段階にある「夫復帰」と「祝福」は、「夫を信者にして夫婦で『祝福結婚式』（集団結婚式）に参加させよという指示だ」といいます。

印鑑販売から信者獲得までが一連の流れに位置づけられていた――。販売員だった女性の供述調書もこれを裏付けます。「私たちは印鑑販売の際、心が通じた方などを信者が運営する『フォーラム』などの施設に紹介し、統一協会の名前を出さずに教義である『統一原理』を伝え、その内容を受け入れたお客様に対し、統一協会の名前を出して、入信を勧めていた」

別の販売員だった女性も、「印鑑購入後にビデオセンターに連れていくなどして徐々に協会の教えを受け入れる土壌を相手の心の中につくり、機を見て入信してもらっていた。販売員の信者は、印鑑契約後も相手を信者とするための儀式や教育に関与しなければならなかった」と語っています。「当初から入信させることを意識して印鑑を販売していた」という趣旨の供述は、幹部だった営業部長の調書にもみられます。

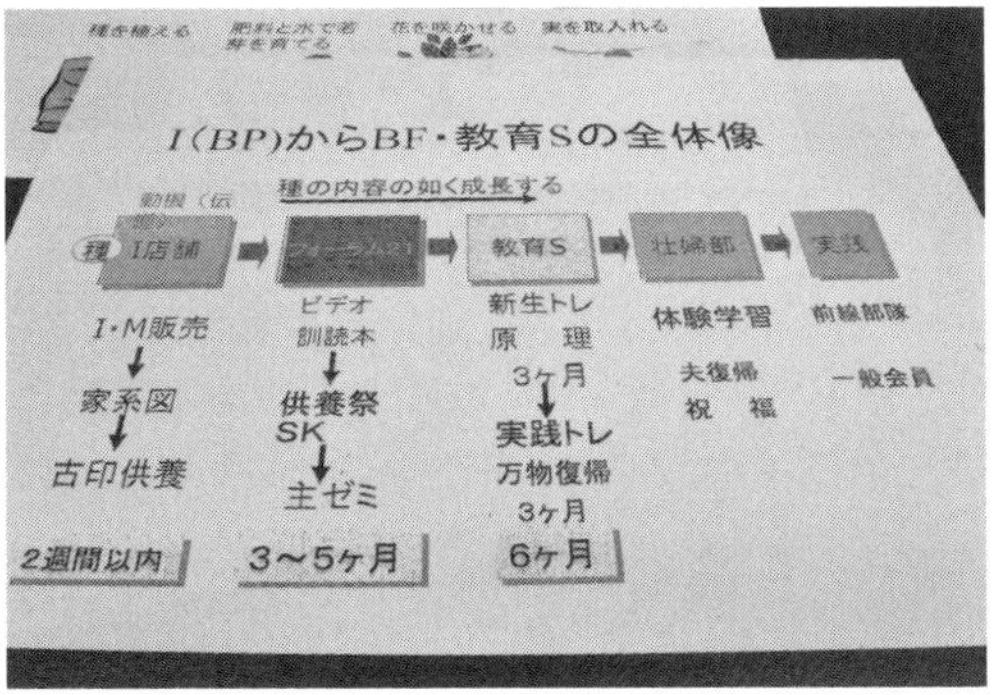

「I（BP）からBF・教育Sの全体像」と題する印鑑販売会社「新世」の文書

これらの証拠から、二〇〇九年一一月の東京地裁判決はこう認定しました。「全員が統一協会の信者である被告会社（新世）では、設立当初から長年にわたり、印鑑販売の手法が、信仰と混然一体となっているマニュアルや講義によって多数の販売員に周知され、販売員らはこのような販売手法が信仰にかなったものと信じて強固な意志で実践していた」

山口弁護士は「物販活動を入り口に教義を教え込み信者化するシステムだが、究極は資金集め。統一協会の韓国人の幹部が日本人幹部に『今年は何億円』と指示すれば、それは神であるメシアの指示だから実現しないといけない。統一協会の本当の姿を広く知ってほしい」と話しています。

●違法確定判決こんなに

統一協会を巡っては解散命令請求が焦点の一つになっています。宗教法人法は命令の要件として「法令に違反して、著しく公共の福祉を害すると明らかに認められる行為をしたこと」を挙げます。全国霊感商法対策弁護士連絡会によると、協会の違法行為を認定した司法判断は、霊感商法の新世事件だけでなく、民事事件で少なくとも約三〇件。伝道、献金、物販、集団(合同)結婚式という協会の主な活動のいずれについても、違法判断が確定しています。

宗教団体という「正体」を隠して勧誘する統一協会の伝道・教化活動そのものが不法行為だと認めたのは、元信者らが起こした「青春を返せ訴訟」の札幌地裁判決(二〇一二年三月)と札幌高裁判決(二〇一三年一〇月、確定)です。

統一協会は「自己啓発セミナー」や「運勢鑑定」などを名目に対象者を勧誘し、宗教活動だという事実を隠したまま「家系に先祖の悪い因縁があるため、現在の家庭にも不幸が及ぶ」などと告げて不安に陥れることを伝道の入り口としてきました。

その後、教義を刷り込むビデオ講座を繰り返し受講させます。初期には「夫婦や家庭のあり方」や「霊界と因縁」などを、進んでくると「人間は『原罪』を負っている」ことや「再臨の救世主（メシア）に出会うには財物に対する執着を捨てて神や先祖のために使うこと」などを教え込むといいます。その先の「トレーニング」に進んで初めて、統一協会や文鮮明の名を伝え、「罪を清算するため」として献金や協会への貸し付けを求めるといいます。

この「正体隠し」と指摘される伝道について判決は、「統一協会の伝道活動は、受講生が原罪や霊界、因縁が実在すると信じて疑わない状態になるまで、宗教性を完全に秘匿することに大きな特徴がある」「この伝道は非常に不公正」「経済取引なら、独占禁止法、特定商取引法などにより違法とされるはずだ」と指摘しました。

その後の教化活動として行われる合宿形式の「トレーニング」などで、信者たちは自宅を離れて集団生活をし、過酷な「伝道活動」「経済活動」（物販など）に三年半ずつ従事することなどを求められたといいます。判決は「入信後間もない時期から、普通の社会生活を二の次にし、伝道と経済活動に膨大なエネルギーを注ぎ、その後に合同結婚式で結婚するという人生をたどる」「協会が求める実践は、人生と財産を差し出し、経済活動に従事するという非常に特異なもの」としました。

宗教の伝道であることを明らかにした時点でも、右のような特異な実践が求められることは隠されていました。判決はこの点を「宗教性の秘匿と同様、あるいはそれ以上に不公正」だと指摘します。その上で判決は、信者らによる伝道・教化活動を「社会的相当性の範囲から著しく逸脱する民事上違法な行為」だと判断。統一協会には使用者責任があり、賠償責任を負うとしました。

統一協会の献金勧誘を違法とした判決は多数あります。例えば一九九〇年代に勧誘された男女三人による訴訟での二〇一〇年一二月の東京地裁、二〇一一年一一月の東京高裁判決（確定）。被害者が「霊界の存在や先祖の因縁をことさらに意識させられ、教義をそれと知らないまま教え込まれ、不安を植え付けられていった」と指摘。原告らによる献金は「信者らの不当な影響の下、従わざるを得ない心理状態にあった」「自由な意思決定が制約された状況下でなされた献金であり、信者らによる社会的に相当な範囲を逸脱した違法な行為に基づくもの」だと判示しました。協会の使用者責任も認めました。

献金について使用者責任ではなく、「統一協会そのものの組織的不法行為」を認定したのは、二〇一六年一月の東京地裁、同六月の東京高裁判決（確定）です。この件では女性信者が、夫に無断で夫の親の遺産や給料・退職金などを献金し続けました。夫は妻と離婚した後、協会に約一億円の賠償を求めました。判決は「統一協会が組織的活動として、夫の財産を夫の意思に反して内緒で交付させており……夫の意思に反して出資されたことを認識していた」と判断。協会が「組織的な不法行為として夫に対する損害賠償責任を負う」と結論付けました。

過酷な伝道・経済活動の末に、多くの信者が「原罪がなくなる唯一の方法」とされる集団結婚式に進みました。文鮮明が指定した相手と結婚します。この集団結婚式への参加強要を違法と認めたのが二〇〇二年八月の東京地裁判決（最高裁で確定）。女性が統一協会に対し、「婚姻の自由を侵害された」として慰謝料などの支払いを求めました。

判決は、信者が「メシア（文鮮明）による結婚以外は罪の繁殖だと言われていた」「勧誘・教化の過程で教え込まれたカイン・アベル（上位者への絶対服従）の教義により、文鮮明の選んだ相手を自己の意思で断ることが困難な精神状態に置かれていた」と認定。集団結婚式に参加しなければ自己や先祖の救いがないと信じさせられていたとして、信者らによる「合同結婚式への参加に向けたさまざまな行為には、原告らの婚姻の自由を侵害する違法がある」と結論付けました。

全国霊感商法対策弁護士連絡会によると、このほかに集団結婚式について婚姻を無効とした判決や家裁の審判の例は、全国で五〇件を超えるといいます。

●結婚相談所で信者を勧誘

統一協会は近年、あらたな手法で伝道と資金集めをしています。結婚の相談を装って対象者に接近する手法です。実際に結婚相談所を装って近づいてきた統一協会から、「結婚できないのは、あなたにサタンがいるから」という言葉でマインドコントロールされかけた事例が起きています。

東日本の地方都市に住む五〇歳代の男性に電話がかかってきたのは二〇二〇年のこと。結婚相談所の者だと名乗る女性は「婚活をやっています」と入会の勧誘をしてきました。この時点で女

ある地方で配られた統一協会の「結婚教室」のチラシ。各地で結婚相談を使った勧誘が行われています（画像は一部加工）

性は統一協会の勧誘とは明示していません。

入会を断ったものの、それから一年後、結婚相談所を名乗る女性は男性の自宅を訪問してくるようになりました。不在の時も、男性の母親に接近。渡されたパンフレットには「絶対出会いがある」と書かれ、「宗教法人　世界平和統一家庭連合」とありましたが、男性はあまり気にしませんでした。

数カ月後、「相談所に来て」と誘われた男性は、「これまでいろんな結婚相談所に行ったがうまくいかなかった。ここならチャンスあるかな」と入会することにしました。そこでの説明は、入会金として一〇万円。結婚に至れば七〇万円、パートナーが亡くなると七年間の供養料に七〇万円が必要というものでした。男性は「入会したら、すぐに紹介してもらえると思っていた」といいます。ところが、相談所から「学びが必要」といわれ、週一回、統一協会の施設で、ＤＶＤを見て感想文を求められました。統一協会の開祖、文鮮明の人生や教義を解説する内容に、男性は疑問を感じながらも「一人でも紹介してもらわないとやめられない」と通いました。

入会して二カ月ほどたって初めて紹介されたのは、遠く離れた西日本に住む女性です。オンラインで話すものの、女性は文鮮明・韓鶴子夫妻のことを「真《まこと》の父母様」と呼ぶなど統一協会の教義を深く信じている様子。女性とはあまり会話もできないまま先方から「お断り」を受けました。その後、別の人を紹介する話がありましたが、「相手からお断りがあった」と会うこともありませんでした。

紹介相手のリストなどは示されず、協会の指定した相手だけ。不審に思う男性に、担当者は「学びを深め、次の紹介はそれから」というばかり。男性は「なぜ勉強か」と聞きました。担当者は「結婚できないのはサタンがいるから。生まれた時から原罪があって、唯一、救えるのがメシア、文鮮明。浄化するには学びを深めた上で祝福結婚（集団結婚）をするしかない」といいました。

安倍氏銃撃事件を契機に、統一協会の危うさに気づき、男性は相談所を退会しました。男性は「人の弱みにつけいるのが巧み。紹介をちらつかせて、少しずつマインドコントロールされていたのか。情報が協会に握られて、どう扱われるか心配」と話します。

●被害者の多くが女性

統一協会では、女性をターゲットにした勧誘が繰り返されてきました。霊感商法や高額献金などの被害に遭うのは圧倒的に女性が多いとされています。なぜ女性なのか――。

古参の元信者によると、初期には青年を勧誘していましたが、その後、壮年の女性に重点を置いたと証言します。「若い人は活動的だがお金を持っていない。金銭的に余裕がある壮年の主婦を狙うようになった」とこの元信者は話します。子どもが親から離れはじめ、夫は管理職となって家庭を顧みない――。そんな孤独や悩みを抱える女性たちを、統一協会はターゲットにしていた構造が浮かび上がります。

北海道大学大学院の櫻井義秀教授の話　統一協会の約三分の二が女性信者です。女性と男性では入信する動機づけが異なります。女性は家族や自分の先祖を救うためなど、自分以外のものに対して奉仕的だったり、犠牲的だったりで、信者になる人が多い。日本社会にあった「女性は結婚して家庭に入る」という考えと、統一協会の考えが合致していたため、女性が勧誘されやすかったのだと思います。一方で男性は統一協会が行っている社会活動、政治活動に関心を持つ人が多い。統一協会が接近する機会が多いのも女性です。女性は家にいる時間が長いからです。統一協会は、中高年になり子育てが一段落し、ある程度お金も時間もある人や、子どもたちが独立し独居になった人に、優しく声をかけます。その結果、女性が犠牲になってしまうのです。

第4章　安倍・岸三代と政界癒着

●安倍・岸三代

統一協会の被害が六〇年以上も続いた背景には、決して見逃してはならない問題があります。自民党など政界との癒着です。日本では古くは豊田商事、近年ではジャパンライフといった詐欺商法が被害を出してきましたが、捜査当局に摘発され消滅していきました。ところが統一協会は霊感商法のような詐欺的商法を六〇年以上も続けてきたのに、いまだ存続し被害を出し続けています。そんなことができたのもバックに自民党の有力政治家がついていたからだといえます。

統一協会が政界との関係でとりわけ重視したのは、安倍晋三元首相との関係でした。安倍氏が死去したのは、ちょうど文鮮明の没後一〇周年の特別な供養期間中でした。統一協会はこの特別供養に新たな祈りを加えるよう事件の一五日後に信者へ指示を出しました。「食口《しっく》（＝信者）が安倍元首相のご冥福と日本が一つになることを祈る」という内容です。子どものころから両親に信仰を強要されてきた信者二世は、「政治家の冥福を祈るという指示は初めてみました」と驚きます。

安倍氏は官房長官だった二〇〇六年五月下旬、集団結婚式を兼ねて開かれた天宙平和連合（UPF）の「祖国郷土還元日本大会」に祝電を贈っています。この集会で安倍氏は「岸信介元総理大臣のお孫さん」と紹介されました。ただ当時の安倍氏は、現在ほど統一協会と密接な関係があるとはみられていませんでした。実際、祝電を贈ったことについて安倍氏は「誤解を招きかねない対応であるので、（事務所の）担当者によく注意した」とのコメントを出しています。祝電はまずかった、というのです。ところが安倍氏は二〇二一年九月に「赤旗」が報じたUPFの韓国大会でわざわざビデオメッセージを贈り、一転して自ら韓鶴子総裁を大絶賛したのです。

この変化の裏に何があったのか――。安倍氏は二〇〇六年九月に初めて首相に就任したものの、わずか三六六日で退陣。二〇〇九年には自民党が政権から滑り落ちました。再び安倍氏が首相についたのは二〇一二年一二月です。

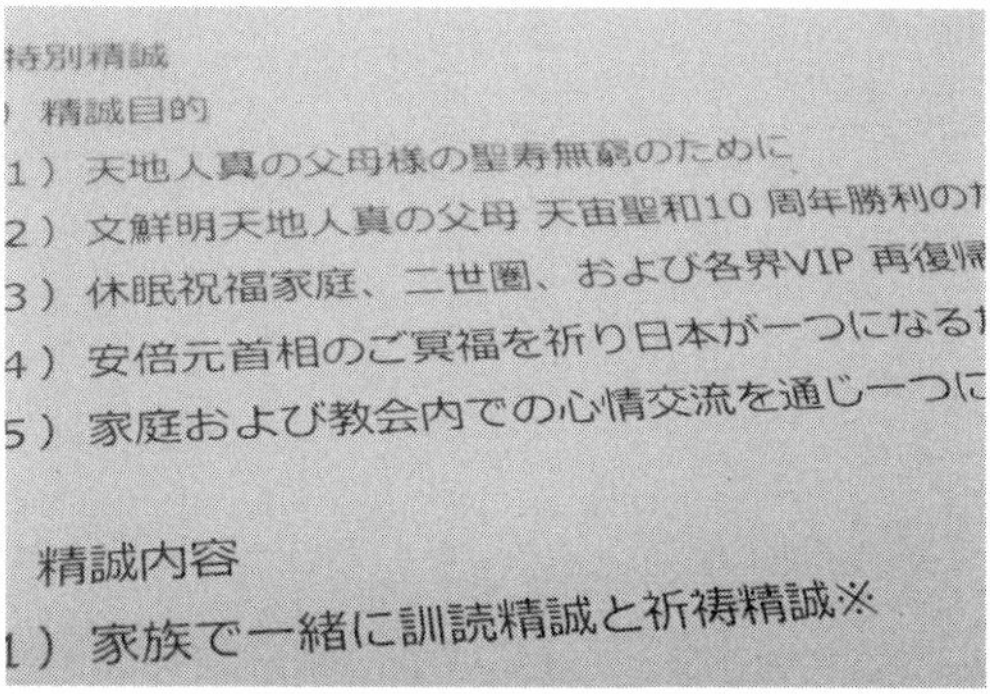
特別精誠
精誠目的
1）天地人真の父母様の聖寿無窮のために
2）文鮮明天地人真の父母 天宙聖和10 周年勝利の
3）休眠祝福家庭、二世圏、および各界VIP 再復
4）安倍元首相のご冥福を祈り日本が一つになる
5）家庭および教会内での心情交流を通じ一つに
精誠内容
1）家族で一緒に訓読精誠と祈祷精誠※

統一協会は文鮮明を供養する特別の期間中に、亡くなった安倍元首相にも祈りをささげるよう信者に指示しました

ジャーナリストの鈴木エイトさんが入手した資料によると、梶栗正義UPFジャパン議長は、二〇二一年一〇月に統一協会の日曜礼拝でこんな裏話を披露していました。

――安倍氏以外の首相経験者三人にアプローチしたが「布教のために利用したいだけでしょ」と断られた。安倍氏との信頼関係は一朝一夕でできたわけではない。

統一協会関係者は「梶栗氏が、安倍氏が首相に返り咲く前に接点をもっていた。うまく協会とつないだのだろう」と証言します。権力の座からすべり落ちていた安倍氏に対して、政権復帰前から接触してきたことが功を奏した形です。

安倍氏のビデオメッセージは信者たちにも影響を与えました。梶栗氏は日曜礼拝でこんな自慢話もしています。

――信者や教会長が「うわーこれどうなっているんですか」「何が起こっているんだ」「すごいことだ」と大騒ぎになった。

さらに梶栗氏はビデオメッセージが、「日本の再建のために信頼して一緒にできる団体はどこか」と安倍氏が統一協会に信頼を寄せる内容だったと説明。信者に統一協会と安倍氏の〝親密さ〟を強調してみせました。

統一協会との親密な関係は安倍氏特有のものではなく、その父祖までさかのぼります。取材班は統一協会と安倍氏をつなぐ〝原点〟ともいうべき場所を尋ねました。気温が三五度を超える猛暑のなか東京・渋谷駅から坂道を一五分ほど歩くと、汗が額から流れ落ちるころに、渋谷区南平《なんぺい》台町《だいちょう》につきました。道玄坂上のバス停手前の路地を二回曲がると、改装中の白いマンションが見えます。かつての地番は南平台四五番地。岸信介元首相の自宅があった場所です。

一九六四年一一月一日、統一協会は、岸宅に隣接した邸宅に本部を構えました。協会関係者らがまとめた『日本統一運動史』は、当時の本部についてこう記しています。「戦後の岸内閣の時代に、首相公邸として使用されていました」と。マンションに住む男性に尋ねると「岸元首相の自宅がここにあったのは知っています。統一協会本部もあったの？　それは知らないなあ」といいます。

南平台の協会本部にいったことがある女性に話を聞くことができました。和歌山県に住む小中泉さん（七九）＝仮名＝です。小中さんは大学の卒論を書き終えた二二、二三歳のころ、「キリスト教に関心がありませんか？」と女性から声をかけられました。それをきっかけに南平台の本部に数回通ったといいます。「だれかに『隣は岸元首相のお宅だ』と聞いてびっくりしました。中庭でバレーボールをしていたから、敷地は広かったように思います」

統一協会初代会長の久保木修己氏は著書で、岸氏が協会本部にしばしば足を運んだとしてこう回想しています。「隣同士のよしみということもあったかもしれません」。ただ実際には、〝隣同士〟の関係を超えた深い付き合いでした。岸氏は一九七三年四月八日、統一協会にきてこんなメッセージを発しています。

第三章　日本に真の御父母様を迎える準備時代

渋谷区・南平台の本部教会（1964.11.1～1967.12.20）

いわれます。その後、転々と人手に渡り、戦後の岸内閣の時代に、首相公邸として使用されました。そして60年安保闘争の時、警官とデモ隊の競り合いが、玄関への道と芝生上で繰り広げられたところです。この南平台の本部で、1965年に初めて真の御父様をお迎えするようになったのです。

(5) 早稲田大学で二度の講演会開催（1964.11～12）
11月19日から23日までの学園祭で、早稲田大学原理研究会主催のも

統一協会系の出版物『日本統一運動史』は、かつての統一協会本部は岸信介元首相が首相公邸として使用していた建物だったと紹介しています

――ここにくるのは三回目。右翼の大物だった笹川良一氏に、信者たちは日本を「救うべき大きな使命を持っている青年だ」などと聞いた。久保木会長の説教は情熱がこもっており「非常に頼もしく

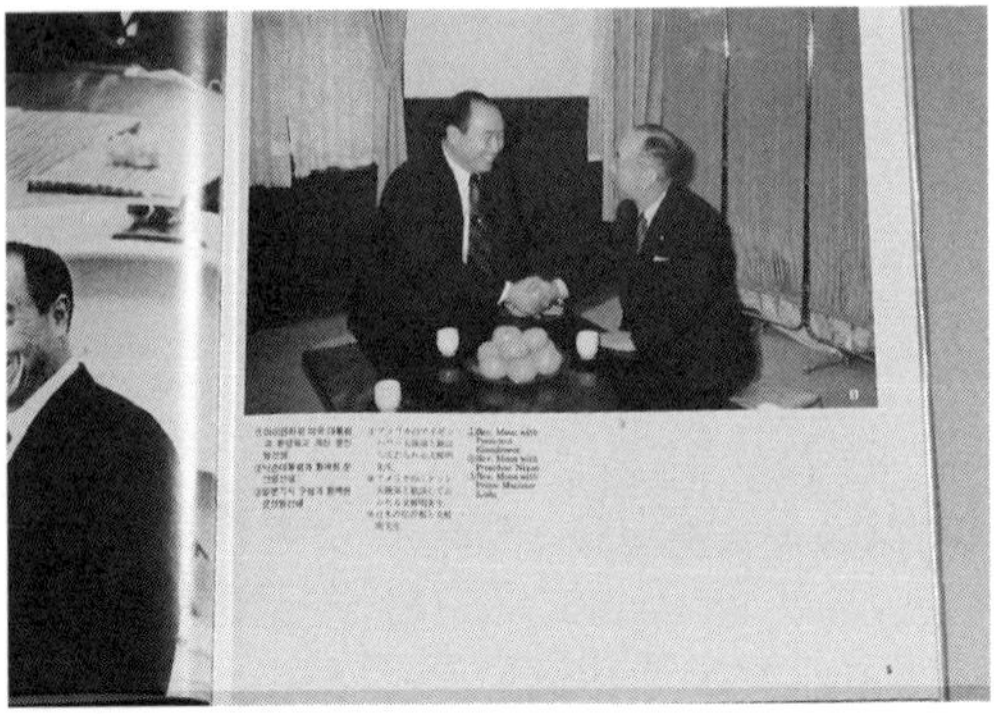

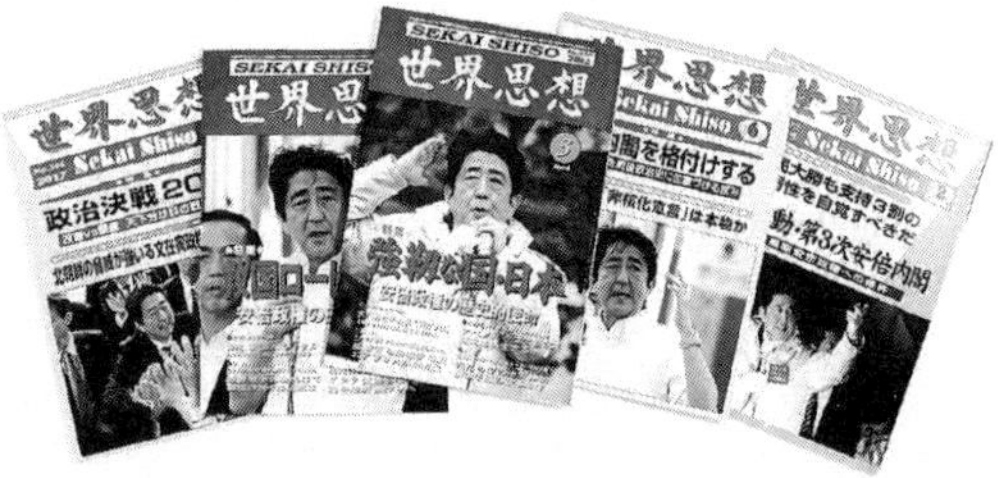

（上）文鮮明（左）と岸信介元首相（『統一教会四十年史』から）。（下）統一協会系の政治組織「国際勝共連合」の月刊誌『世界思想』の表紙には、安倍晋三元首相の写真が繰り返し使われていました

私は考えた」……。

文字通りの大絶賛です。一九六八年に岸氏は、文鮮明がつくった「国際勝共連合」の発起人に名を連ねます。勝共連合は、統一協会の政治団体でもっぱら反共謀略活動を展開する組織です。文鮮明とも複数回面会しています。一九六〇年代後半には統一協会による大学生の勧誘、マインドコントロールが「親泣かせの原理運動」と批判されていました。それなのに岸氏は統一協会本部にきて「親を泣かせるとマスコミが騒いでいる」といいつつ、「非常に頼もしく私は考えた」と持ち上げました。

韓国の朴正熙《パクチョンヒ》大統領（当時）に久保木会長が面会（一九七〇年）する際には、岸氏が自筆で推薦文を書いたといいます。久保木氏は岸氏の貢献についてこう書き残しています。「岸先生に懇意にしていただいたことが、勝共運動を飛躍させる大きなきっかけになったことは間違いありません。国内においても国外においてもそれは言えることです」

統一協会は信者を洗脳する修練会で岸氏を利用しています。複数の元信者によると、洗脳講義の終わりごろ、参加者に文鮮明と岸氏が握手している写真を見せられたといいます。「文鮮明は政界にも認められている方なんだと、より一層信じる元になりましたね」。修練会に参加していた元信者はそう振り返ります。

岸氏の娘の夫である安倍晋太郎元外相も統一協会と関係がありました。日本共産党の不破哲三書記局長（当時）は一九七八年三月三一日に勝共連合に協力した政治家のリストを公表。これによると晋太郎氏（当時、官房長官）は、勝共連合の機関紙に名刺広告を一九七三～七五年の三回出していました。

先の日曜礼拝でも梶栗氏は「（晋三氏との）信頼関係がいったいどうやってできたのか。一朝一夕の話ではないんです」として、こんな裏話を披露しました。

――晋三氏と会食した際、岸元首相や晋太郎氏と協会幹部の写真を持参し、「『三代のお付き合いだ』『三代の因縁である』とお見せした」

岸氏のもう一人の孫である岸信夫元防衛相も、「（統一協会関係者と）つきあいもあったし、選挙の際も手伝いをいただいたりしている」と記者会見で認めています。信夫氏は晋三氏の実弟でもあります。まさに岸・安倍三代にわたる「因縁」そのものです。

●清和政策研究会

この因縁は自民党の最大派閥「清和政策研究会」（安倍派）にも深く根を下ろしています。清和政策研究会は岸元首相を源流とする派閥で、創立者は福田赳夫元首相です。一九七四年に文鮮明、韓鶴子夫妻が来日した際には帝国ホテルで晩餐会が開かれ、当時大蔵相だった福田氏ら国会議員が出席。福田氏は「アジアに偉大な指導者現る。その名は〝文鮮明〟である」（『日本統一運動史』）と絶賛しています。

清和政策研究会の歴代会長で統一協会との関係が確認できているのは、福田氏、安倍晋太郎氏、三塚博元大蔵相、細田博之衆院議長、安倍晋三氏です。とくに細田氏の場合は現職の衆院議長でもあり、統一協会との関係について解明が必須です。細田氏はＵＰＦが二〇一九年一〇月五日に名古屋市内のホテルで開いた国際会議「ジャパンサミット＆リーダーシップカンファレンス二〇一九」に出席しています。

取材班は統一協会などの活動を紹介する動画サイトで、会議の様子を確認しました。同会議では、韓鶴子総裁を「世界的な宗教指導者であり平和運動家」「平和の母」などと称賛する映像が流れました。司会者が「韓鶴子総裁のご入場です」と声を張り上げると、最前列の中央に着席していた細田氏は、参加者とともに起立して拍手を送りました。

ＵＰＦジャパンの梶栗議長が「大変ご多忙の中、多くの現職国会議員のみなさまにお集まりいただきました」と述べ、細田氏らの名をあげて紹介しました。細田氏は壇上でスピーチし、「韓鶴子総裁の提唱によって実現したこの国際会議の場は、たいへん意義深い」「まことにおめでとうございます」と持ち上げました。さらに「今日の盛会、そして会議の内容を安倍総理にさっそく報告したいと考えております」と発言しました。

取材班は細田氏の事務所に会議に出席した理由を問いましたが、回答はありませんでした。ただその後、国会で日本共産党など野党に統一協会との関係を問われ、しぶしぶ書面で二度にわたり回答しています。

一度目（二〇二二年九月二九日）の文書はわずかＡ４の用紙一枚。二〇一八年〜一九年にかけて、統一協会の関連会合に四回出席し、そのうち二回ではあいさつをしていることや選挙で支援を受けていたことを明らかにしています。統一協会に関連する議連「日本・世界平和議員連合懇談会」と「日韓トンネル研究会」のそれぞれ名誉会長と顧問に就いていたことも認めました。

二度目（同年一〇月七日）は、Ａ４の用紙二枚を公表。新たに関連会合に祝電・メッセージなどを計三件送っていたことや、四回の会合に出席していたことが明らかになりました。まさにべたべたの関係です。いずれも公表にあたって細田氏は記者会見をしていません。

二〇二三年一月二四日にやっと衆院議院運営委員会の理事らに非公開で質疑に応じました。しかし「安倍総理に報告」と述べたのは「サービス」だったと語るなど、一切反省を示しませんでした。

●安倍元首相側近を支援

統一協会の集会参加やメッセージ送付の〝みかえり〟のひとつが選挙支援です。特徴的な事例が、第一次安倍政権で首相秘書官だった自民党の井上義行参院議員への選挙支援です。井上議員は二〇二二年七月の参院選で自民党の比例代表候補でした。

ジャーナリストの横田一さんが入手した録音音声によると、井上議員は参院選中の同年七月六日、さいたま市文化センターで行われた統一協会の集会「神日本第一地区責任者出発式」に参加。その際、協会幹部から「井上先生はもうすでに信徒になりました」と紹介されています。

同集会では幹部が「うちの協会、組織もたくさんの問題があります。その問題を支援してくださる方が、井上義行先生です」と説明。続いて井上議員が登壇し、「同性婚には反対ということを、信念を持って言い続ける」「しっかりと皆さんの考えを堂々と言う」などと叫びました。幹部からは「必ず勝たなければならない。勝つことは善であり、負けることは悪でございます」との発言も。横田さんは「宗教活動を選挙運動に結び付け、票を集めていると感じた」と語ります。

録音内容をもう少し詳しく見てみましょう。

井上氏は、同協会側から紹介をうけ登壇しました。

司会者　井上先生は、もうすでに信徒になりました（拍手）。勝つことは善であり、負けることは悪でございます（拍手）。すべての力を投じてください。

井上氏が登壇すると、会場には「うおー」「おー」という大声とともに、盛大な拍手が響きわたりました。

井上　こんなに多くの方にお集まりいただきまして本当にありがとうございます（拍手）。本当にみなさんが盛り上げてくれて、本当にパワーをもらって、私はここまできました（拍手）。そして今日は、さらにパワーアップしました（会場から「うおー」「おー」という絶叫とともに拍手）。

井上氏の発言に逐一拍手をする参加者ら。井上氏の声がどんどん大きくなり、持論を展開します。

井上　正直に言っちゃっていいですか。同性婚、反対ということを。私は、普通の政治家と違うんです（拍手）。オブラートに包んでしゃべることが苦手なんですね。私は信念で言っている。同性婚には反対ということを信念をもって言い続けます！

井上氏の発言に、会場からは割れるような拍手とともに、「おー」という気勢が上がりました。さらに井上氏は、国会で同性婚に反対するかのごとく、こう述べました。

井上　（同性婚法制化に）私は勝負を挑んでいます。裁判になりましたけど、今度は政治にかかわってきているからですね。今度は政治で決着に持っていくことはできるんです。

そのうえで井上氏は、統一協会の考えを代弁していくことを強調します。

井上　私の政治活動は、しっかりとみなさんの考え方を堂々と言うように、判断を仰ぐ政策を前に進めるものなのです。

この後井上氏は、声を張り上げながら自身への支持を訴え、演説を終えました。演説が終わると、会場からは「おー」という多数の声と、長時間にわたる拍手が続きました。

協会側は、「井上義行コール」をあげるよう呼びかけ、会場には「井上義行」という大声が響くとともに、「がんばろう」という絶叫が上がりました。

当時取材班が井上議員に信徒であるのかなど質問したところ、信徒ではなく「賛同会員」になっており、協会側に会費や寄付は払っていないとの回答がありました。現在、井上議員は賛同会員を辞めたとしています。

井上議員は安倍氏の側近でもあります。ほかにも安倍氏に近い議員たちが統一協会の支援を受けています。自民党内で総裁選に勝ち抜く、つまり首相の座につくには、自身が所属する派閥の強化が必要です。安倍氏は派閥拡大のために統一協会の力を借りていた――そんな実情が浮かび上がってきます。

●衆院選で総力支援

統一協会は二〇二一年一〇月の総選挙でも、自民党の原田義昭元環境相ら複数の国会議員の支持拡大を行っていました。総選挙投票翌日の二〇二一年一一月一日に福岡県久留米市の施設で撮影された動画によれば、統一協会の南福岡教区としてかかわっていた選挙区の結果を渉外部長が報告しています。公認をめぐり自民党内が分裂し、野党統一候補の立憲民主党新人に敗北した原田氏を「福岡五区は注目されたが惜しくも負けてしまった。（分裂した元県議の）栗原票と公明党の票を奪い返すことができなかった」「責任をまっとうできなかった」と、時に涙ぐみながら心情を吐露しました。

また「世界平和連合としては原田先生と次の計画を立てていく段階にある。継続してぜひ応援してほしい」と呼びかけました。世界平和連合は統一協会のダミー団体です。原田氏は統一協会系の「日本・世界平和議員連合懇談会」会長に就くなど同協会と深い関係にあります。

渉外部長は当選した福岡六区の鳩山二郎、同七区の藤丸敏、佐賀一区の岩田和親（立憲民主党候補に敗れ比例復活）、大分二区の衛藤征士郎各議員の名前と票数を挙げながら選挙支援への謝意を表明。これらの議員はいずれも自民党の〝自主点検〟で、選挙ボランティアや組織的支援を受けていないことになっています。

渉外部長は「トータルで教区として六〇〇七の名簿を獲得できた。今までは三〇〇〇いくかどうかのたたかいだった」「時間を割いて朝から夜まで電話かけに参加し、力を注いでもらった」とのべ、政権交代が問われた総選挙でこれまでにない力の集中を語りました。さらに「勝利の報告をしてもらう」として、鳩山、藤丸両議員が協会の施設に当選のあいさつに来ることをほのめかしました。

取材班は原田氏と自民党四議員に対し、国政選挙で統一協会やその関連団体に選挙支援を依頼したり、支援を受け入れたりしたことがあるか質問しました。選挙支援の依頼や受け入れの「事実はない」（岩田氏）、「（元秘書の）市議から話はあったものの疑念があり、統一協会との対応はしないと決めていた」（藤丸氏）と回答がありました。原田、鳩山、衛藤各氏からは期限までに回答がありませんでした。

●政策協定

実は国政選挙で統一協会は、ダミー団体を通じて自民党候補者らに推薦確認書への署名を求めていました。統一協会側は「考えが一致する先生に対して応援する」としています。協会は同性婚などジェンダー平等に反対したり、軍事力増強を求めたりしており、これらの思想に共鳴する自民党候補者らと事実上の政策協定を交わしたとみられます。

推薦確認書を提示していたのは統一協会のダミー団体「世界平和連合」。統一協会の勅使河原秀行・改革推進本部長は二〇二二年一〇月二〇日の記者会見で、同連合が推薦確認書への署名を求めていたことについて、「そういう説明を聞いたことがある」と述べました。同連合の会長は、国際勝共連合の梶栗正義会長です。

勅使河原氏によると二、三年前に同氏が世界平和連合側に「政治家を応援するときに私たちの思想や理念と一致しているのをどうやって確認しているか」と質問した際に、用紙を見せられたといいます。用紙は「こういう法律を制定するのに賛成するか」というような内容だったとしています。

推薦確認書は①憲法を改正し、安全保障体制を強化②家庭教育支援法・青少年健全育成基本法を制定③LGBT問題、同性婚合法化の慎重な扱い④「日韓トンネル」実現を推進⑤国内外の共産主義勢力の攻勢阻止――など反共反動の政策を列挙しています。これらの政策と一致する自民党議員、候補者らが推薦確認書を交わす対象とみられます。

統一協会と世界平和連合との意思疎通について勅使河原氏は「高いレベルで相談はある」とし、協会の田中富広会長と梶栗氏が話し合っていることを事実上認めました。自民党は所属議員に統一協会との関係を自主点検するように指示をしていましたが、推薦確認書への署名については点検項目に入っていません。

取材班は二〇二一年の総選挙で東京都内の各選挙区と比例東京ブロックから選出された自民党議員一九人に、統一協会側と推薦確認書を結んだかどうか質問しました。井上信治議員、小倉将信議員、土田慎議員、萩生田光一政調会長は「結んでいない」と回答。そのほかの議員は締め切りまでに回答がありませんでした。

取材班に署名を認めた議員もいます。自民党の斎藤洋明衆院議員（新潟三区）の事務所は、二〇二一年の総選挙前に「推薦確認書」に議員本人が署名し、選挙運動の支援を受けたと認めました。取材に応じた事務所関係者によると、同議員は同年一〇月の総選挙前に新潟県内の地元事務所で世界平和連合と推薦確認書を交わしたといいます。「推薦確認書の内容は、すでに報道されている通りだ」と認めました。

選挙期間中には「いつも五人ほどが入れ替わりで事務所を訪れ、電話かけをしてもらった」とも。選挙戦で斎藤議員は、野党統一候補と激しく争いました。事務所関係者は、統一協会と関わりのある団体だと分かっていたとした上で「現在も被害が続いていることへの認識の甘さがあり、今後はしっかりと反省したい」と語っています。

●癒着議員ぞろぞろ

自民党議員と統一協会の癒着が明らかになるにつれ、国民の怒りが沸騰していきます。岸田文雄首相、自民党はたまらず所属議員に「自主点検」を指示。結果を二〇二二年九月八日に公表します。接点があったのは一七九人の議員。実名が公表されたのは一二一人でした。しかし「調査」ではなく、「自主点検」という甘いやり方であったことで、公表後も統一協会との関係が発覚する議員が相次ぎました。

そのうちの一人が自民党衆院議員の宮内秀樹・文部科学委員長（福岡四区）です。取材班は、統一協会が二〇一九年に福岡県内で開いた集会で、宮内氏が演壇前に立っていたことを特報しました。同協会がネットニュースに写真を掲載していたのです。宮内氏は集会参加を自民党の自主点検で報告していません。宗教を所管する衆院文部科学委員会の委員長でもあり、その資格が問われる問題です。

この集会は同年四月七日に福岡県宗像市で青年信者向けに開かれた「ファミリーパワーフェスティバル青年三〇〇〇名大会」。統一協会関連メディアによると主催は同協会の日本第五地区です。統一協会のネットニュース「HJグローバルニュース」（同年四月一三日）は、ひとりで演台前に立つ宮内氏の写真を複数、掲載しています。これによると、宮内氏は統一協会のマークを飾り付けた演台に立って話をしていました。

このニュースでは、話の内容は紹介されていません。ただアナウンサーは、参加した地域の指導者たちが「現代社会の危機を真の家庭運動を通じて解決している家庭連合のビジョンを強く支持しました」と紹介しています。来賓参加者が統一協会の活動を支持した〝広告塔〟として扱われた形です。このネットニュースは本紙の特報後に閲覧できなくなっています。

自民党の自主点検では、宮内氏が統一協会関連団体であいさつしたと記載されています。他方で、同協会主催の会合への出席については報告がありません。関連団体でのあいさつについては、「朝日」（二〇二二年九月一〇日付）が統一協会のダミー団体「九州平和大使協議会」の会合（二〇一九年七月）に出席したことを報じています。宮内氏は報じられた会合のみを自民党に報告した疑いがあります。集会参加などについて宮内氏に文書で質問しましたが、回答はありませんでした。

宮内氏が二〇一八年に駐福岡韓国総領事館で、統一協会の地区幹部、総領事と三人で写真を撮っていたことも、取材班の調べで分かりました。駐福岡韓国総領事館のホームページによると、二〇一八年九月一四日に宮内氏は当時の総領事から公邸晩餐会に招かれ、朝鮮半島情勢などについて意見交換しました。問題の写真は、この晩餐会を紹介した記事に掲載されています。写真には、宮内氏、総領事、統一協会日本第五地区長の朴鍾泌《パクチヨンピル》氏が並んでいます。朴鍾泌氏を知る関係者によると、同氏は長く統一協会の九州の責任者を務めてきたといいます。

取材に同総領事館は「総領事が交代しているので、招待した理由は分からない」と回答。宮内氏の事務所からは期限までに回答がありませんでした。

●繰り返し参加

自民党の「自主点検」では、議員らが参加した集会の内容や、議員の発言などについてはいっさいふれていません。取材班は独自に議員らの発言内容を調査していきました。

自民党衆院議員の土井亨・元国土交通副大臣（宮城一区）は、二〇二一年四月に開かれた統一協会の韓鶴子総裁が主管する会合にビデオメッセージを贈り、韓総裁を「真《まこと》のお母様」と呼んで称賛するなど繰り返し協会と関係をもっていました。土井氏は自民党内の調査で、統一協会の関連団体が開いた四回の行事に出席したとして「関連団体の会合への出席」の項目で氏名が公表されています。ただ具体的な内容は判明していませんでした。

取材班が確認した動画によると、ビデオメッセージの冒頭で土井氏は、韓総裁に「真のお母様、私は国会議員の土井亨と申します」と述べ、あいさつの機会が与えられたことに感謝の意を示しました。

この会合は、北海道と東北の信者を対象にした「希望前進礼拝」です。この中で土井氏は、統一協会の開祖・文鮮明の聖和式（葬儀）に二年連続で参加した際に韓総裁と初めて出会ったと回想。協会側と自身との関わりの深さについて、こう説明を続けました。「原理（教義）を学び、ワールドサミットでは日本を代表してスピーチをさせていただきました。地元ではピースロードの実行委員長を務め、毎年、日韓の信頼回復と南北統一のための行事を開催させていただいております。国会議員連合でも一員として活動いたしております」

ワールドサミットは統一協会のダミー団体が主催し、各国の政治家や政府関係者を韓国に集めた国際会議。ピースロードは、ダミー団体が日本各地で開催する自転車イベントです。「国会議員連合」は、各国の統一協会と友好的な政治家で構成する「世界平和国会議員連合」のことだとみられます。

ビデオメッセージでは、土井氏が韓総裁や統一協会日本本部の徳野英治前会長らと並んだ記念写真、二〇一六年一二月の「幸せな家庭づくり講演会」で発言する写真なども映し出されました。土井氏は「真の家庭運動、真の地域づくり運動などの活動、そのほか、さまざまな行事に参加させていただいております。活動を通じて、協会のみなさんとともに、世界平和と理想世界実現のために尽力いたしております」と親密な関係をアピールしています。そして、信者に対して

「ともに活動する中において、協会のみなさんや青年たちが真のご父母様（文鮮明、韓鶴子のこと）のために生きる教えを忠実に守りながら実践されている姿に感銘を受けております」と持ち上げました。

さらに土井氏は、新型コロナウイルスの感染拡大で混乱した世界情勢を収拾・統一できる人物は「韓鶴子総裁のみであると確信してやみません」とも述べ、次の言葉で結びました。「私も国家に責任を持つ一人として、真のお母様のご指導のもと、微力ながら皆様とともに、神のもとの人類一家族を目指して世界平和実現のために全力で取り組んでいく所存でございます。真のお母様のご健勝とご安寧を心よりご祈念申し上げます。ありがとうございました」

取材班は土井氏の事務所にビデオメッセージを贈った理由などを問いましたが、回答はありませんでした。

●女性信者で政界工作「ＰＲチーム」

統一協会が政治家と接点をつくる手口の一端も取材班は明らかにしました。政治家に接近するため女性信者でつくる特別部隊を編成していたというのです。名称は「ＰＲチーム」。関係者によると、ＰＲチームは統一協会信者の女性たちで構成され、その役割は「ＶＩＰ（最重要人物）渉外だった」と説明します。

女性たちは渉外の研修をうけ、選挙になると複数で車上運動員などとして自民党候補者らの陣営に派遣されていました。またチームの女性が秘書として議員事務所に派遣されることもあったといいます。

ある統一協会関係者は、ＰＲチームが自民党衆院議員だった保岡興治元法相（故人）ら複数の議員に運動員を派遣していたことを明かしました。保岡氏は法相在職時に国会答弁で、当時の秘書官が過去に統一協会の集団結婚に参加したことを認めています。

このチームは少なくとも一九八〇年代から二〇一〇年代に活動していたとみられます。かつては都内の高級ホテルなどに拠点を置いていました。関係者は「議員渉外では新たな協力議員をみつけるために、バレンタインデーにバナナケーキやシフォンケーキを議員側に配り好感度をあげていた。議員は男性がいくより女性の方が警戒されない」と証言します。

取材班は保岡氏の公設第一秘書などを務めた息子の保岡宏武衆院議員（自民党）に、興治氏への選挙支援などについて質問しましたが、回答はありませんでした。

●ダミー団体で議員取り込み家庭介入狙う

統一協会は自らの〝野望〟を実現するため国会議員、地方議員らに様々な働きかけをし、取り込んできました。その一つが全国規模で家庭教育支援条例・基本法制定の運動を呼びかけていることです。全国に先駆けて二〇一二年に同条例を制定した熊本県で統一協会はどんな策動をしているのか――。

二〇二二年九月中旬、取材班は熊本県南部へ車を走らせました。目的地は芦北町《あしきたまち》です。里山の風景が広がる静かな集落の一軒家に着き、玄関のインターホンを押しました。「取材で伺いました。しんぶん赤旗です」。記者が名乗ると、家から出てきた稲富安信氏は、ぎょっとした表情を見せました。

「帰って!」「いいから帰って!」。強い口調で記者を追い払った稲富氏は、何者なのか――。稲富氏の名前は、熊本県選挙管理委員会が公表した政治資金収支報告書(二〇二〇年分)にありました。デマや謀略で日本共産党を攻撃してきた統一協会の政治組織「国際勝共連合熊本県本部」の代表です。

稲富氏の自宅住所には、「熊本ピュアフォーラム」(KPF)という一般社団法人も登記されています。稲富氏は同法人の理事です。KPFはホームページで「教育の原点は家庭にある」として「家族愛の啓発運動や青少年の健全育成を基本とした家庭再建運動や社会再建運動にも取り組んでおります」と紹介しています。熊本県内の市町村議会に家庭教育支援法の制定を求める意見書の請願運動を進めたのがKPFでした。

代表理事を務めるのは、元熊本県教育長の田中力男氏。取材班は再び車を走らせ、雄大な阿蘇山のふもとにある田中氏の自宅を訪ねました。門扉まで出てきた田中氏は、記者の質問に「(KPFは)稲富氏という事務局長の発案だ」と明かしました。一方、稲富氏が勝共連合県本部の代表を務めていることは「全く知りませんでした」と否定しました。

ＫＰＦは「家庭で、男の子には男の子の自覚と理想を教え、女の子には女の子の自覚と理想を教える」との立場で、多様な性のあり方を否定しています。二〇一九年四月二八日に「青少年を守る家庭の在り方」と題してＫＰＦが主催した講演会に、講師として登壇したのは、月刊誌に「（同性カップルの）彼ら彼女らは子供を作らない、つまり生産性がない」と寄稿した自民党の杉田水脈衆院議員でした。杉田氏は総務政務官の就任会見（二〇二二年八月一五日）で、ＫＰＦが統一協会の関連団体だという事実は「確認できていない」と述べました。誰が杉田氏を招いたのか――。ＫＰＦ代表理事で元熊本県教育長の田中力男氏は、講師の手配を「稲富氏がやっていた」と断言しました。

ＫＰＦは二〇一六年九月に一般社団法人として登記。翌月の設立記念講演会に講師として招かれたのは、勝共連合幹部の青津和代氏でした。勝共連合の月刊誌『世界思想』（二〇一八年二月号）は「今こそ家族を守れ」「家庭教育への支援で絆を取り戻す」と題した特集を組み、全国規模で家庭教育支援条例・基本法の制定を求める運動を呼びかけています。先進的な例として紹介されたのが熊本県です。

ＫＰＦのホームページには、国に家庭教育支援法の制定を求める意見書の請願を提出した市町村議会の一覧が記されています。その一つ、熊本県玉名市議会では二〇一八年九月の定例会でＫＰＦの請願が審議されました。紹介議員は、ＫＰＦの理事に名を連ねていた保守系会派の城戸淳市議（現県議）。「公権力による家庭教育への介入が危惧される」と反対したのは日本共産党の前田正治議員のみで、賛成多数で可決されました。

田中氏によると、請願運動は「全てにおいて稲富氏に任せている」といいます。城戸氏は取材に、ＫＰＦの理事を辞任する意向を示しました。稲富氏が勝共連合県本部の代表だという事実は「全く知らなかった」と説明。辞意を示した理由を聞くと「統一協会との関係が分かったからです。それ以外にありません」と語りました。

ＫＰＦには他にも統一協会関係者が関与しています。ＫＰＦで監事を務める人物です。統一協会に入信した妻が霊感商法で数百万円を巻き上げられたという県内の男性（七〇代）によると、交渉で協会側から計三六〇万円が返金された際、返金元の名義がこの監事だったといいます。

取材班はこの監事に電話をかけましたが「『赤旗』は大嫌いだ」といい、会話にもなりませんでした。この人物は統一協会のダミー団体「熊本県平和大使協議会」の事務局長でもあります。同協議会の役員名簿には田中氏や稲富氏、統一協会の教会長、県議の城戸氏をはじめとする複数の自治体議員の名前がありました。正体を隠して政治家を取り込み、家庭教育支援法など政策実現のために利用する――。協会側の暗躍ぶりが浮き彫りになりました。

●日韓トンネルを利用

統一協会が国会議員、地方議員の取り込みにつかったもう一つの〝野望〟が、「日韓トンネル」です。文鮮明が一九八一年に提唱した国際ハイウェイプロジェクトの一部。九州北部から長崎県の壱岐《いき》・対馬《つしま》を経由して韓国に至る構想で、地上部分を含む総距離は二〇〇キロを超え、完成には一〇兆円を要するとされています。ただ国や自治体による調査すらされていません。協会の巨大プロジェクトは現在、どうなっているのか――。

二〇二二年一〇月中旬、取材班は旅客船に乗り、九州本土から北に約二〇キロの離島・壱岐（長崎県壱岐市）に向かいました。日本共産党の山口欽秀《よしひで》市議の案内で右手に風光明媚な海岸が広がる道を進むと、小高い丘の上にポツンと建てられたプレハブ小屋が見えてきました。雑木林に囲まれ、小屋のそばにも草が生い茂っていました。未舗装の通路の入り口にはチェーンがかけられ、小屋には誰もいない様子でした。

日韓トンネルの調査斜坑を掘るための〝現場事務所〟として設置されたプレハブ小屋＝長崎県壱岐市

土地の所有者は、日韓トンネルの実現を目指す統一協会のダミー団体「国際ハイウェイ財団」。統一協会の政治組織「国際勝共連合」トップの梶栗正義氏が会長で、協会の田中富広会

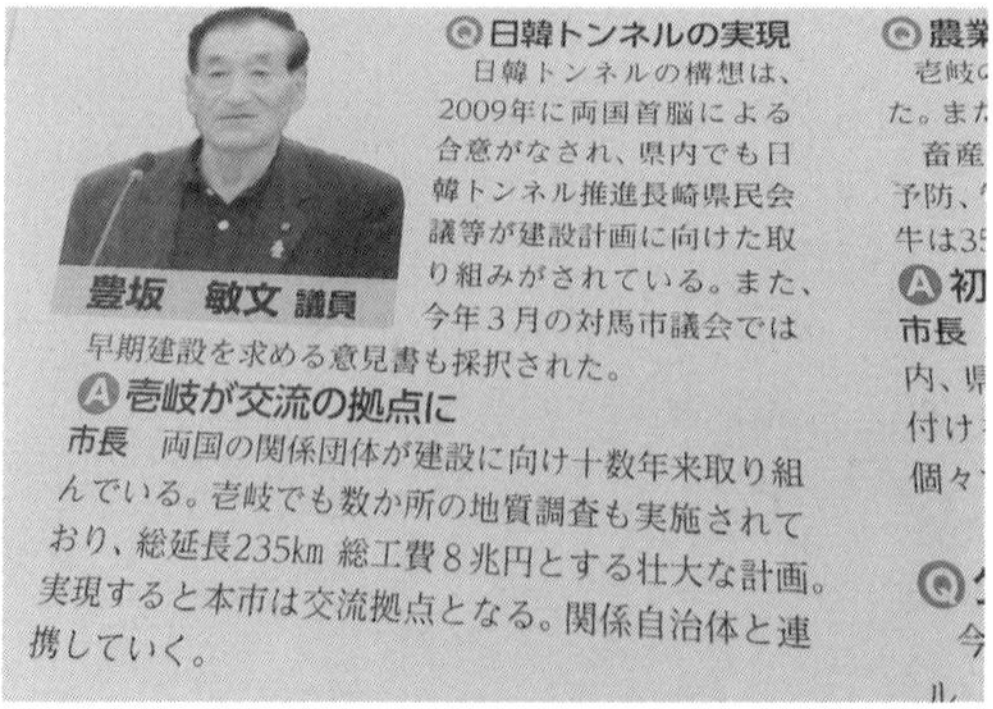
Q 日韓トンネルの実現
日韓トンネルの構想は、2009年に両国首脳による合意がなされ、県内でも日韓トンネル推進長崎県民会議等が建設計画に向けた取り組みがされている。また、今年3月の対馬市議会では早期建設を求める意見書も採択された。
豊坂　敏文 議員
A 壱岐が交流の拠点に
市長　両国の関係団体が建設に向け十数年来取り組んでいる。壱岐でも数か所の地質調査も実施されており、総延長235km 総工費8兆円とする壮大な計画。実現すると本市は交流拠点となる。関係自治体と連携していく。

日韓トンネルの実現を求めた豊坂敏文議員の質問を紹介する「壱岐市議会だより」（2013年7月25日発行）

長や徳野英治前会長らが役員に名を連ねています。

同財団は二〇二一年七月、広報紙「国際ハイウェイ現場だより」で「壱岐・芦辺斜坑用地に初めての建物」とPRしました。小屋は日韓トンネルの調査斜坑を掘るための〝現場事務所〟として設置され、その開所式には梶栗会長から感謝状が贈られたとされます。同財団は「いよいよ次は坑口設置工事です」と大々的に宣伝し、寄付を呼びかけています。一方、開所式から一年が過ぎても工事は行われていません。

取材班は壱岐市内にある国際ハイウェイ財団の事務所を訪ねました。部屋から出てきた男性に現場の進捗状況を聞くと「土地はありますが、斜坑が掘れるかどうか……」と本音を明かしました。小屋が立つ土地の様子や斜坑の計画について住民の男性（八七）は「たまに草刈りしているのを見かけるだけです。政府が予算をつけているわけでもないし、現実的に進んでいる印象は全くない」と断言します。

その土地が地元住民から統一協会の関連会社「極東開発」に売り渡された経緯を知る女性（七五）は、バブル期にホテルを建設する計画があったと振り返ります。「トンネルを掘るという話を初めて聞いたのは二〇年ほど前だった」といい「統一協会との関係は全く知らなかった」と語りました。

さらに取材を進めると、壱岐市議会で日韓トンネルの推進を主張した議員がいることが分かりました。豊坂敏文議長です。豊坂氏は日韓トンネル推進長崎県民会議の会合に三回ほど参加しています。同氏はＮＰＯ法人「日韓トンネル研究会」の理事を務めたことを認めた上で、こう語りました。「会合には国会議員や県議も参加し、運動の前進が呼びかけられた。推進団体の人から依頼され、議会で日韓トンネルの早期実現を求める意見書の取り組みを紹介したこともある。現実性のない空想的な計画で、理事を続ける意味がないと考えて辞任した」。実現の見通しがない計画に協力した地方議員や国会議員とは――。

佐賀県唐津市の山間部には、地質を確認する目的で掘られた調査斜坑があります。ゲートの横には「国際ハイウェイ財団」の看板がありました。同財団の資料によると、調査斜坑は二〇〇七年までに五四〇メートルの長さに達し、以後の掘削工事は行われていません。

日本共産党の井上祐輔《ゆうすけ》県議の調査によると、周辺一帯

日韓トンネルの完成予想図を掲載した国際ハイウェイ建設事業団（現財団）の資料

の土地は統一協会が所有していた時期を経て、現在は同財団の敷地になっています。調査斜坑は国や自治体が関与せず、私有地に掘られた「巨大な穴」です。同財団の財産目録によると、調査斜坑の建設費は約二一億七五〇〇万円で、調査費は約四五億六六〇〇万円。同財団の初代理事長で統一協会の会長も務めた梶栗玄太郎氏は、著書『日韓トンネル30年の歩みと展望』で、専門家を集めた調査・研究の費用について、こう述べています。「そのための莫大な経費は、主に統一協会の信徒らの浄財によって賄われた」

二〇一六年一一月一四日、ある人物が調査斜坑を視察しました。統一協会の韓鶴子総裁です。一〇〇〇人ほどが参加した歓迎式典で、韓総裁は「天の願いを叶《かな》えてさしあげることのできるプロジェクト」と最大限に称賛しました。

二〇一〇年代は全国各地で日韓トンネル推進組織の結成が急拡大した時期でもあります。二〇一〇年一一月には都道府県で二番目の推進組織「日韓トンネル推進徳島県民の会」が発足。翌年一〇月の徳島県議会で、自民党議員二九人が提出者に名を連ねた「日韓トンネル建設の早期着工を求める意見書」が可決されています。

地方議員による調査斜坑の視察も行われていました。取材班が確認した視察記録によると、二〇一五年九月一四日に岐阜県民会議の七人（県議一人、市議一人を含む）が視察。二〇一七年六月一四日には、統一協会宮城教区の七人（県議五人を含む）が視察した記録もありました。当時、宮城県議会の自民党会派に所属していた五人が政務活動費で参加していたことが分かっています。

同年八月二四日は、香川県議の視察ツアーで一〇人（県議六人、市議一人を含む）が訪れていました。そのときの様子をフェイスブックに投稿した議員がいました。自民党の若谷修治・坂出市議です。スーツ姿の男性たちが斜坑内で説明を受ける写真つきで「実現することを願います！」と投稿していました。直後の同年九月には、日韓トンネル推進香川県民会議の結成大会が開かれています。取材班は電話で若谷議員に「視察には誰が参加したのか」「視察の目的は香川県と関係があるのか」と質問。若谷議員は、調査斜坑を視察した事実を認めた上で「コメントを控える」と述べました。

若谷 修治
2017年8月24日・
今日午後は、佐賀県唐津市の日韓トンネル名護屋調査斜坑を視察しました❗
公式なプロジェクトにはなっていませんが、経済的だけでなく平和的目的のなかで実現することを願います❗❗
日韓トンネル名護屋調査斜坑
한일 터널 나고야 조사 사갱
安全第一
日韓トンネル調査斜坑の様子を投稿した自民党の若谷修治・坂出市議のフェイスブック

日韓トンネル構想について、国際ハイウェイ建設事業団（現財団）は「宗教法人が公共事業に近いことをする例は珍しいが、統一協会の目的の一つがいわゆる『地上天国』の実現であり、その目的に貢献する事業」と説明していました。統一協会の「特別公共部門」として同事業団が設けられ、専門家を集めて「文鮮明師が提唱した基本的な理念と構想に、いかに肉付けするか」という考えのもとで研究が進められたとされます。

しかし、四〇年が過ぎても実現の機運は高まらず、調査斜坑（佐賀県唐津市）の掘削工事も同財団の敷地内五四〇メートルの長さでストップ。一〇兆円と推定される巨額の建設費は韓国でも問題視され、政府機関の交通研究院が「韓日海底トンネルは経済性がない」とする調査結果（二〇一一年）を発表しています。そんな状況でも、同財団は寄付金を集め続けています。一般寄付金は「一口一〇万円」、特別寄付金は「一口五〇万円」と高額です。

日韓トンネル関連の献金をめぐっては、統一協会に返金を求める訴訟も起きています。被害者の相談に応じてきた全国霊感商法対策弁護士連絡会代表世話人の山口広弁護士は「統一協会が文鮮明の理想を実現するための構想で、行政や政治家を動かそうと画策してきたと考えられます。その過程で資金が必要になり、信者から献金を集める口実にもなった」と指摘します。

国土交通省によると、国土形成計画で日韓トンネル構想を検討したことはなく、斉藤鉄夫国交相も「荒唐無稽な構想だ」と述べています。その一方、日韓トンネルを推進する団体には、自民党の重鎮が名を連ねていました。

NPO法人「日韓トンネル研究会」の顧問名簿にあったのは、細田博之衆院議長や今村雅弘元復興相の名前です。谷川弥一衆院議員、江島潔参院議員も顧問を務めていました。細田氏は二〇一七年と二〇一八年の計二回、日韓トンネル実現中国連絡協議会の大会に祝電やメッセージを贈った事実を認めています。いずれの議員も二〇二二年九月二日までに顧問を辞任しています。同研究会九州支部の過去の名簿には、顧問として麻生太郎副総裁の名前もありました。

　二〇一六年七月三一日に唐津市で開かれた第三回「日韓トンネル推進唐津フォーラム」。佐賀新聞の「国会議員動静」欄には同日、自民党の古川康衆院議員が参加する予定が書かれていました。古川氏は佐賀県知事を務め、現在は国土交通政務官です。同フォーラムは「日韓トンネル推進佐賀県民会議」が主催し、連絡先は統一協会の政治組織「国際勝共連合佐賀県本部」の関係者でした。

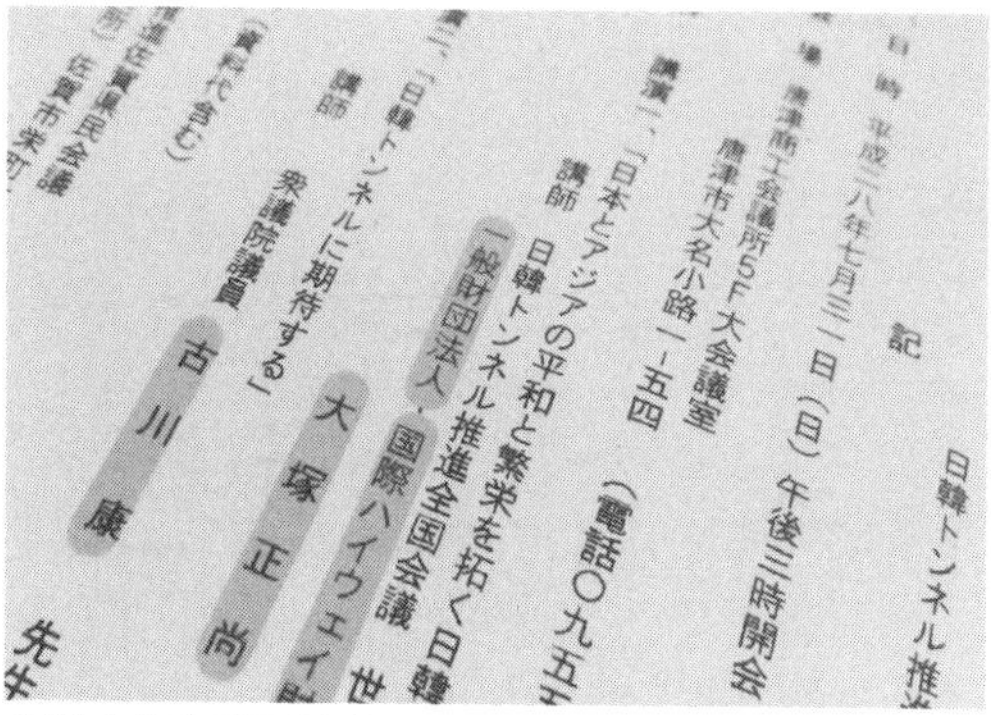

古川康衆院議員が講演することを記した日韓トンネル推進唐津フォーラムの案内状

　案内状のプログラムによると、古川氏は「日韓トンネルに期待する」と題した講演をしています。当時、主催者側から協力を求められたという唐津商工会議所の幹部は「地元の経済界が日韓トンネルを推進した事実は全くありません。統一協会とのつながりが懸念されたので、後援の依頼を断った」といいます。取材班は古川氏の事務所に参加の経緯を問いましたが、回答はありませんでした。

●沖縄県知事候補との癒着

地方選挙で統一協会との癒着がとくに目立ったのが沖

縄県知事選（二〇二二年九月一一日投開票）です。知事選で自民党、公明党が擁立を決めた佐喜真《さきま》淳《あつし》前宜野湾市長（五七）が、繰り返し統一協会の行事に参加していたことを取材班は明らかにしていきました。

最初に取材班が特報したのは、二〇一九年に統一協会が開いた信者カップルを祝う式典に、佐喜真氏が参加していたことでした。同年九月二九日に台湾北西部の桃園市で開かれた式典です。統一協会の台湾総会が翌日、その様子を公式フェイスブックに投稿していました。「日本の沖縄県から佐喜真淳前宜野湾市長が率いた沖縄県平和大使議員団には、五人の現職議員とその他の貴賓がいる。特別に台湾を訪問し、われわれの祝福式を見学し、全過程に参加する」などと記されています。佐喜真氏を中心にして「歓迎　日本沖縄県平和大使議員団　幸福台湾祝福式典」の横断幕を広げた記念写真が投稿され、ステージ上で佐喜真氏がマイクを握った写真もありました。

統一協会のダミー団体「平和大使協議会」のホームページによると、平和大使の任命機関は同協会トップの韓鶴子が総裁の天宙平和連合です。式典の会場は桃園市内の体育館とみられ、ピンク色の装飾がされていました。ステージ上から撮られた集合写真には、スーツやウエディングドレスを着た一〇〇組を超えるカップルが確認できます。その最前列に佐喜真氏の姿がありました。一連の投稿はすでに削除されています。統一協会は、未婚・既婚の信者カップルを集めた集団結婚式を行います。協会側が一方的に選んだ男女の信者を強制的に結婚させる集団結婚は社会問題となってきました。

佐喜真氏は二〇一八年の沖縄県知事選にも立候補し、当時の安倍晋三政権が全面支援したものの、落選しています。取材班は佐喜真氏の事務所に統一協会と関わりをもった経緯などを問いましたが、期限までに回答はありませんでした。

その後、佐喜真氏は「赤旗」などの報道をうける形で、「統一協会の宗教行事との認識はなかった」と釈明。式典の内容について、佐喜真氏は「いわゆる『合同結婚式（集団結婚式）』とは違い、なんらかの事情で結婚式が挙げられなかった夫婦のための式典との説明だった」としています。しかし取材班が式典のプログラムと動画を確認すると、実態は「統一協会の宗教行事」そのものでした。

統一協会の台湾総会が公式フェイスブックに投稿した同式典のプログラムを見ると、参加対象を「已婚夫婦」（既婚カップル）としていました。統一協会は、既婚の信者カップルを集めた「既成祝福式」を行います。同協会の公式動画によると、「人は死後も〝霊界〟で永遠に生き続けるという、家庭連合の死生観に基づいて行われ、死後の世界での夫婦関係を約束する神聖な式典」とされています。

佐喜真氏が参加した式典はどうだったのか――。ユーチューブに投稿された動画を確認すると、佐喜真氏は同式典に来賓として参加し、ステージ上で「素晴らしいです。私も非常に感動しております」と発言していました。会場内や出入り口には「統一家庭連合」と大きく書かれた

統一協会の式典で佐喜真淳氏が発言する様子を収録したユーチューブの動画（一部加工）

「のぼり旗」が林立し、そのロゴマーク入りの白い布を首にかけた一〇〇組を超えるカップルが集まっていました。統一協会の式典だと一目で分かります。

動画には結婚指輪の交換のほか、男女の体に「浄水」を振りかける様子も収録されていました。プラスチック製の棒で男女が互いの尻をたたく光景も。統一協会の「祝福」を受けたカップルが行う儀式の一つで、夫婦が棒で三回ずつ尻をたたけば原罪を祓《はら》うことができるとされています。

台湾総会のフェイスブックには、佐喜真氏が率いる沖縄県平和大使議員団が「われわれの祝福式を見学し、全過程に参加する」と記されていました。式典の流れを見た限り、佐喜真氏が来賓として参加したのは、統一協会が「既成祝福式」と称する「宗教行事」です。

●計九回

佐喜真氏は台湾の行事に参加しただけではありません。取材を続けるなかで二〇一九年七月〜

二一年四月にかけて計九回、統一協会や関連団体の行事に参加していたことが明らかになりました。

統一協会のダミー団体が任命する「平和大使」だという自民党員の男性のフェイスブックを取材班が確認したところ、協会系の団体が開いた行事の様子が投稿されていました。これによると、佐喜真氏は一九年七月一五日、沖縄県内で開かれた二〇〇〇人規模のイベント「平和と家庭の祭典」であいさつしました。会場のステージ横には、統一協会のダミー団体「真の家庭運動推進協議会」の旗が立てられていました。

同年には、協会系の団体でセミナー活動を行う人物が、同性婚を「伝統的結婚制度形骸化の危機」と批判する講演会（沖縄市）に出席。統一協会が推進する日韓トンネル構想の講演会（福岡県）に佐喜真氏が参加したという投稿もありました。

統一協会の沖縄代表が講師を務めた「家庭講演会」（二〇二〇年一月五日）にも、佐喜真氏は複数の自民党議員と参加。この男性は「世界平和を目指している世界統一協会を認識しました。議員も、その意義に賛同し参加しています」と書き込み、佐喜真氏の横に座った写真を投稿しています。男性は、統一協会の徳野英治会長（当時）を迎えた講演会（同年一月一一日）でも、スタンドマイクの前に立つ佐喜真氏の写真を投稿していました。

ジャーナリストの鈴木エイトさんによると、二〇二〇年二月上旬には韓国・ソウル近郊の高陽市で開かれた協会関連の国際会議「ワールドサミット二〇二〇」にも佐喜真氏が参加していました。沖縄県平和大使協議会がホームページに掲載した写真（現在は削除）に佐喜真氏が写っていました。同会議は、統一協会のダミー団体「天宙平和連合」が主催。韓鶴子総裁による特別演説も行われています。統一協会系のウェブサイトに「一二〇カ国から約六〇〇〇人が参加」と記載。自民党の要職を務めた伊達忠一元参院議長など、日本の政治家も参加していました。統一協会が政治家や政府関係者を集める国際会議について、鈴木さんは「協会側が要人を利用するためのイベントだ」と指摘します。

二〇二一年四月一一日には、県内で統一協会のダミー団体「世界平和連合」が「中国の脅威と共産主義による家庭破壊」と題して開いた講演会で佐喜真氏が発言。インターネット上には、同じくダミー団体の沖縄県平和大使協議会の青年集会（同年一月八日）に佐喜真氏が講師として参加した記録もありました。このほか統一協会系のラジオ番組にも出演しています。

沖縄県内で霊感商法の被害相談に取り組んできた三宅俊司弁護士は「統一協会が複数のダミー団体を作っていることは一般的に知られている。行事に何度も参加して『統一協会だという認識はなかった』との主張はありえない」と指摘。「政治家が協力することで信者は社会的評価を得たと感じ、問題のない団体だと思わせることに利用する」と問題点を強調します。

取材班の質問に、平和大使だという前出の男性は「統一協会の信者ではない」と否定し、その上で「市長時代から親しい佐喜真氏の選挙活動を手伝い、家庭講演会など協会系の行事でも何度か居合わせた。そうした行事に佐喜真氏を誘ったことはない」としています。

●四年前にも

実は四年前の沖縄県知事選でも統一協会の政治組織「国際勝共連合」が街頭演説などで辺野古新基地建設への反対を「過ち」だと攻撃して基地の早期完成を迫り、新基地強行の自民党などが推す佐喜真氏を後押ししていました。

街頭演説は当時の翁長雄志《おながたけし》知事が死去した直後の二〇一八年八月二三日、勝共連合の遊説隊が東京・中野駅前で行ったもの。勝共連合が公開している動画によれば、弁士は翁長氏が沖縄全戦没者追悼式の「平和宣言」で辺野古新基地建設を「アジアの緊張緩和の流れにも逆行していると言わざるを得ず、全く容認できるものではない」とのべたことに対し、こんな批判を展開しました。

「日本と沖縄を取りまく安全保障の環境はいっそう厳しくなる。県知事選で早く普天間飛行場から辺野古地区へと移設を実行できる知事を誕生させなければならない」と強調。「辺野古に新たな基地をつくるのは反対というような言論の問題、過ちについて訴えさせていただいた。特に知事選に大きな期待を込めていきたい」と締めくくりました。

同年九月一日付の勝共連合機関紙「思想新聞」では、玉城デニー氏を擁立した「オール沖縄」を「実体はないに等しい」と攻撃。内閣、沖縄県知事、名護市長、宜野湾市長の四者を辺野古新基地推進で一致させるため、佐喜真氏の勝利が「実現の絶好のチャンスである。力を結集しよう」と呼びかけていました。

勝共連合は現在もホームページで、辺野古新基地建設反対に対し「日米安保条約を破棄せよ、ということになってしまいます」と推進の姿勢を明らかにしています。

●告示日に言い訳

統一協会問題は沖縄県知事選で佐喜真陣営に大きな打撃を与えました。そのことは告示日（二〇二二年八月二五日）の第一声にもあらわれました。佐喜真氏は聴衆を目の前に、こう叫んだのです。「旧統一協会の報道がなされています。たしかにわたくしは旧統一協会の関係団体の行事に参加してまいりました。ただし会員であるとか、あるいはまた資金の提供をうけたとかは一切ございません。旧統一協会関連と一切の関係を今後行わない、絶つということをお約束させていただきます！」

佐喜真陣営はこの演説をわざわざ動画にしてツイッターに配信しました。その冒頭で映し出されたのは、「赤旗」が紙面に掲載している「徹底追及統一協会」のタイトルデザインでした。どう見ても選挙で有利となる動画とは思えないのですが、候補者の言い訳を紹介せざるをえないほど佐喜真陣営は追い込まれていたのでしょう。そもそも佐喜真陣営は米軍辺野古新基地建設を明確に掲げるなど、県民の願いからかけ離れていた選挙戦をしていたのですから。選挙戦は「オール沖縄」の玉城デニー知事が佐喜真氏に六万四九二三票差をつけた圧勝で再選を果たしました。

第5章　統一協会から家庭連合へ　名称変更の闇

政治の側から統一協会に〝便宜〟を図った疑惑が取材班のスクープで明るみに出ました。統一協会の名称変更疑惑です。安倍晋三政権下の二〇一五年に統一協会は「世界基督教統一神霊協会」から、「世界平和統一家庭連合」に正式名称を変更しました。文部科学省の外局である文化庁はそれまで、名称変更を拒否していましたが申請を受理して認証したのです。なぜ突然に方針が変更されたのか――。

「私が文化庁宗務課長だったときに統一協会が名称変更を求めてきたが拒否した」。前川喜平・元文部科学事務次官はそう証言します。前川さんは一九九七～九八年の一年間、宗教法人制度の運用を担当する文化庁宗務課の課長でした。「教義など団体の実体に変化がないと名前は変えられないと伝えた。役人は前例を重んじる。その後も同様の理由で断ってきたはずだ」と前川さんはいいます。

ところが宗務課は二〇一五年八月二六日に認証します。その理由を宗務課に確認すると、「書類が整ったので変更を認証した。以前、断った経過は当時を知る職員がいないので分からない」との回答でした。認証変更を決裁したのは文化部長だといいます。

前川さんは「行政は継続性、安定性が大事。部長レベルでは方針変更を決定できない。しかも旧統一協会と自民党の関係はみんな知っているからより慎重になる。政治的圧力があった可能性が高いと思う」と指摘します。

当時の文科相は自民党の下村博文衆院議員です。下村氏は文科相当時、統一協会系の「世界日報」のインタビューに複数回登場しています。下村氏は自身のツイッターで文化庁に確認したところ、「大臣に伺いを立てることはしていない。今回の事例も最終決裁は、当時の文化部長」などとする回答があった、としています。

ところが文化庁宗務課は当時、下村氏に名称変更の事前説明をしていたのです。先の下村氏のツイッターに対して、立憲民主党の有田芳生参院議員（当時）が名称変更認証の際に、文化庁宗務課に確認し「大臣に事前に説明いたしました」との回答があったことを公表。この内容について日本共産党統一協会問題追及チーム事務局長の宮本徹衆院議員が宗務課に確認したところ、下村氏へ事前説明をしたことを認めました。

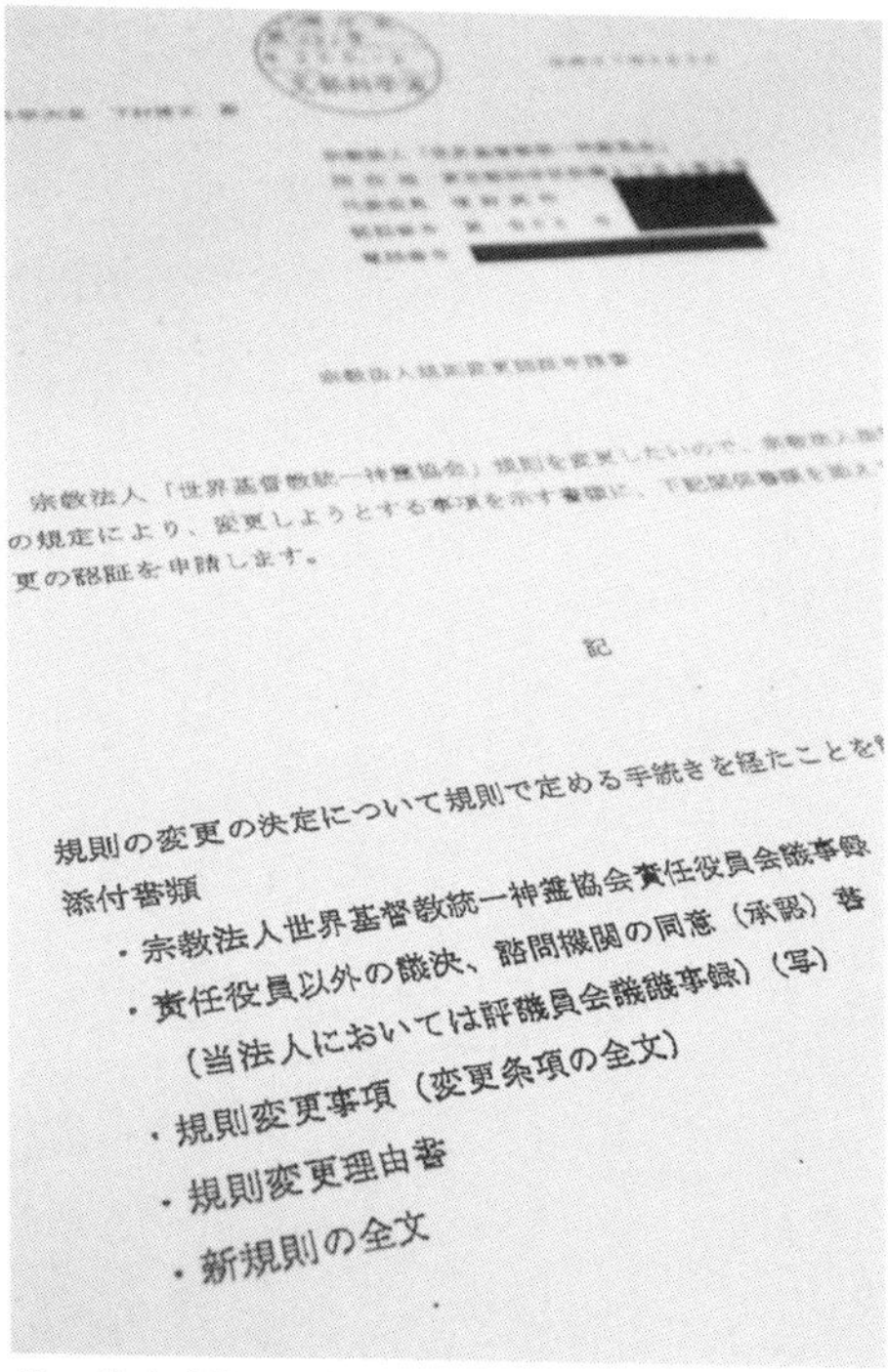
記

規則の変更の決定について規則で定める手続きを経たことを

添付書類

・宗教法人世界基督教統一神霊協会責任役員会議事録

・責任役員以外の議決、諮問機関の同意（承認）書

（当法人においては評議員会議議事録）（写）

・規則変更事項（変更条項の全文）

・規則変更理由書

・新規則の全文

統一協会が2015年に提出した申請書。一番下にある「新規則の全文」が未提出でした

前川さんは、下村氏への事前説明について「通常、

事前に文科相へ説明するということは、認証するかどうか指示をあおぎにいくことだ。事前に聞いておいて何も関知していないというのはおかしい」と指摘します。下村氏に認証を指示したかどうか質問しましたが、期限までに回答はありませんでした。

実は統一協会が名称変更を申請する直前に、霊感商法の被害救済にあたる弁護士グループが、下村文科相や文化庁長官らに変更申請を認証しないよう申し入れていました。弁護士グループは一九九〇年代から同様の申し入れを繰り返しています。

弁護士グループの全国霊感商法対策弁護士連絡会（全国弁連）が申し入れたのは、協会が申請をする約二カ月前の二〇一五年三月二六日。下村文科相、文化庁長官、同庁宗務課長あてに申し入れ書を提出しました。申し入れ書では、統一協会が同年二月に責任役員会議で正式名称を変更すると決定したことを紹介。統一協会への社会的批判が高まったことで資金獲得が困難になったため、名称変更で正体を隠して資金や人材獲得をしようとしていると指摘しています。

全国弁連のメンバーである渡辺博・霊感商法被害救済担当弁護士連絡会事務局長は「一九九七年ごろは統一協会が名称変更を狙っていたので、頻繁に宗務課へ足を運び、名称変更をさせないよう申し入れていた。当時は宗務課も『変更はさせない』と言っていた。だから二〇一五年に変更を認証したときは驚いた」と証言します。前川さんも「当時、弁護士らから名称変更をさせないよう要請があったことは聞いていた」としています。

●書類に不備

名称変更認証がろくなチェックも受けずにすすめられた疑惑もあります。取材班は統一協会が提出した名称変更申請書の添付書類に誤りがあったことを突き止めました。宗務課の担当者は取材班に「添付書類の確認ミスがあったと考えられる」と認めました。

2015年３月26日に下村博文文科相（当時）に出された全国霊感商法対策弁護士連絡会の申し入れ書（左）と同年６月２日に同文科相に出された統一協会の名称変更申請書

申請書は、日本共産党の宮本徹衆院議員の請求に応じて文化庁が提出したもの。宗教法人法は、宗教法人が名称など規則を変更する際、所轄庁に提出するよう義務づけています。申請書は二〇一五年六月二日に下村文科相あてに提出され、同日付で受理されています。

統一協会は申請書に添付書類の一覧を記しています。その一つが「新規則の全文」でした。ただ、添付された規則は、最新の施行日が「平成八年（一九九六年）三月一九日」となっていました。この点について、宗務課の担当者は「統一協会が提出した規則は、変更前の規則だと考えられる。これを文化庁の担当者が新規則だと勘違いして受理したのではないか」と対応の誤りを認めました。「新規則は添付されておらず、宮本議員の指摘を受けて確認ミスに気づいた」といいます。

名称変更を認めた理由について、宗務課は「要件がそろっていたので受理した」などと説明していますが、実際には申請書類のチェックがずさんだった形です。宗務課の担当者は「新規則は申請時に必要な添付書類ではなく、参考資料だと認識している。手続き上の問題はない」としています。

●引責辞任したはずの会長が申請

名称変更を申請した当時の統一協会会長は徳野英治氏でした。徳野氏は霊感商法が刑事摘発されたことで二〇〇九年に引責辞任しました。ところがその後会長に復帰し、名称変更を申請していたのです。

捜査当局は二〇〇七年ごろから統一協会の霊感商法を全国で摘発していました。二〇〇九年六月には同協会ダミーの印鑑販売会社「新世」(東京都)社長らを、「先祖の因縁がある。このままでは家族が不幸になる」と不安をあおって高額な印鑑を購入させた特定商取引法違反容疑(威迫・困惑)で逮捕。協会の施設にも家宅捜索が入りました。新世事件は東京地裁で有罪が確定しています。

徳野氏は一連の事件をうけて二〇〇九年七月一三日に会長職を辞任すると表明。統一協会系の

「世界日報」（同一四日付）によると、徳野氏は会見で、家宅捜索などに「道義的責任を痛感する」「世間をお騒がせし、多大な迷惑を掛けた」と謝罪していました。その後二〇一二年一二月二七日に会長に復帰（二〇二〇年一〇月に会長交代）。名称変更を申請し、認証を受けました。

全国霊感商法対策弁護士連絡会によると、徳野氏が再就任した直後の二〇一三年から名称変更申請があった二〇一五年までの三年間で、被害相談件数は五九八件、被害額は約三〇億円にのぼります。同弁連は会長に復帰した徳野氏に、被害者への返金などを求め公開質問状も出していました。この一例をみただけでも、名称変更申請を受け入れた判断は明らかに間違っていたことが分かります。

統一協会が2015年に下村文科相（当時）へ提出した名称変更申請書。協会の代表は徳野英治会長（当時）となっています

●下村文科相の内部資料

では名称変更を認証した下村氏は統一協会とどんな関係にあったのか――。取材班は下村事務所の内部資料を確認し、協会関係者が下村氏の政治資金パーティー券を複数回購入していたことを突き止めました。

下村事務所の内部資料はジャーナリストの森功さ

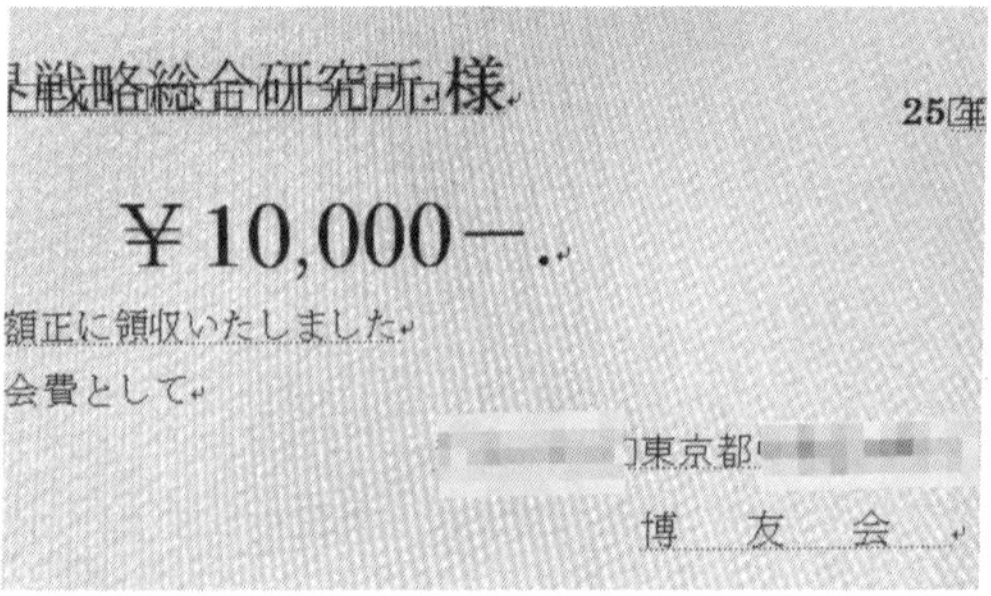

下村元文科相の事務所資料に含まれている講演会領収書の写し（一部加工）

んから提供を受け、取材班が分析したもの。資料は二〇一二〜一四年に作成したとみられ、パーティー券の入金リストなどが含まれています。

パーティー券の入金リストによると、統一協会系の日刊紙「世界日報」の政治部長だった人物から二〇一三〜一四年に計四万円の入金があったとしています。また統一協会がつくった政治団体「国際勝共連合」の会計責任者と同じ名前の人物が二〇一二〜一四年に計六万円を払ったことになっています。

これまで下村氏が代表の自民党東京都第一一選挙区支部に世界日報社から二〇一六年に六万円の献金があったことが判明しています。ただ政治資金規正法では二〇万円以下のパーティー券購入は政治資金収支報告書に記載義務がありません。このため統一協会関係者が下村氏のパーティー券を購入したことは、収支報告書に記載されていませんでした。統一協会は霊感商法や高額献金などで被害を広げてきました。協会関連団体などから資金提供を受けることは、被害者の資金が環流したことになります。下村氏に事実関係を質問しましたが、回答はありませんでした。

下村事務所の内部資料からは、同氏の後援団体が二〇一〇年と一二〜一四年に開催した講演会などの行事に、統一協会関係団体に所属する九人が合計五四回出席したとされていることも読み取れます。

内部資料には下村事務所が作成した行事への出欠表がありました。「博友会」など下村氏の後援団体は、有料の講演会を年間六～七回ほど都内の高級ホテルで開催。これとは別に政治資金パーティーやクリスマス会を開いています。出欠表によると四年で、統一協会の関連組織「世界平和連合」「世界戦略総合研究所」「世界日報」「世界平和女性連合」などに所属する計九人が、合計五四回参加したことになっています。▽一〇年は二人が計三回出席▽一二年は四人が計一〇回出席▽一三年は七人が計二二回出席▽一四年には六人が計一九回出席――となっています。

	博友会講演会	
	出席者氏名	所属
1	[illegible]	[illegible]
2	[illegible]	[illegible]
3	[illegible]	[illegible]
4	[illegible]	[illegible]
5	[illegible]	[illegible]
6	[illegible]	世界日報
7	[illegible]	[illegible]
8	[illegible]	[illegible]
9	[illegible]	[illegible]
10	[illegible]	世界平和連合
11	[illegible]	[illegible]

下村元文科相の事務所資料にあった2012年の行事への「出欠表」。参加者の所属欄には、統一協会関連団体の「世界日報」「世界平和連合」などとあります（一部加工）

参加回数がもっとも多いのは「世界平和連合」所属の男性で一七回です。同氏は「国際勝共連合」の会計責任者でもあります。次に多いのは統一協会系の日刊紙「世界日報」政治部長で一四回となっています。地方で統一協会がすすめる家庭教育条例などについて講演している女性も、六回出席したことになっています。

内部資料にあった領収書によると、講演会の参加費は一回一万円。パーティーは一回二万円です。出欠表には金額が記されていませんが、統一協会関連組織に所属する九人から、同期間におおむね六〇万円程度の支払いがあったとみられます。講演会に複数回出席したことがある女性は「会場は東京プリンスホテルで、下村氏か外部講師が講演する内容だった」といいます。

世界戦略総合研究所は本紙の取材に、同法人としてパーティー券を購入したことはないと回答。講演会への出席については事務局長が自費で一回参加したとしています。下村氏に事実関係などについて質問しましたが、またもや回答はありませんでした。

説明責任を回避しているのは下村氏だけではありません。岸田文雄首相も名称変更疑惑の解明に背を向けています。統一協会が献金、パーティー券購入を受けていた閣僚が、便宜を図ったのだとしたら大問題です。しかも名称変更によって統一協会は正体隠しによる伝道をいっそうしやすくなりました。つまりそれだけ被害者が増えたわけであり、名称変更を認めた経緯について解明する責任が政府にはあります。

第6章　反共謀略組織

統一協会は「宗教団体」という仮面をかぶった顔だけではなく、もう一つ重要な顔をもっています。反共反動の謀略組織という素顔です。時には正体不明の団体に偽装して、謀略活動を繰り広げています。取材班はその危険な側面に迫っていきました。

日没が迫る東京・池袋の繁華街。バーやネイルサロン、不動産業者が入る雑居ビルの五階に、取材班がさがしていた団体の所在地があります。その団体は「ジャパン・ガーディアンズ」。国政選挙前などに全国各地で配られた反共謀略ビラの最新版「創立一〇〇年を迎える日本共産党の真っ赤な黒歴史」に記された住所です。

インターホンを押すと、部屋の中から「どうぞ」の声。重い扉を開けた先には窓口があり、アクリル板の前に中年の男性が座っていました。男性は企業や個人が利用する「私書箱」の従業員。ビラの住所に間違いないとしつつ、「ジャパン・ガーディアンズ？」と首をかしげます。「うちのお客さんではないです。どんな活動をしている団体なのかも知らない」と関わりを否定しました。男性は「誰と契約しているかは答えられない」とも。その上で「手紙などを受け取るための私書箱なので、住所を使ってもらうことは構いません。ただ、ここに人が来て事務所として利用するようなことはできません」と続けました。

ジャパン・ガーディアンズのビラは、第八弾まで発行されています。カラー印刷で「共産党は『暴力革命』と無縁ではない」などと事実無根のデマで公党を侮辱する内容です。二〇二一年四

～一〇月にかけて同団体の反共ビラが東京都、新潟県、岩手県、神奈川県と広範囲に配布されています。

その背後には統一協会の政治組織「国際勝共連合」の存在が見えています。実は「赤旗」社会部は二〇一九年六月にも、ジャパン・ガーディアンズを調べています。当時、ホームページを調べたところ、勝共連合の学生組織「勝共ＵＮＩＴＥ」のサイトや勝共連合のオピニオンサイト「ＲＡＳＨＩＮＢＡＮ」と同一のアカウント（利用者認識の情報）であることが判明していました。

「ジャパン・ガーディアンズ」の所在地とされる雑居ビル＝東京都豊島区

今回、取材班は代表を務める著述家の男性の住所をつきとめ、直撃しました。家の薄明かりが夜道を照らす東京都内の住宅街。男性は自転車で現れました。

「私が代表です」。男性は記者の問いかけに、ジャパン・ガーディアンズの代表だと認めました。統一協会の信者なのかという質問に「宗教の儀式などに参加したことはない」と述べました。一方で「（協会系の）世界日報に執筆したことはある」と語りました。「ホームページを運営する事務局があるのか」との問いには「そうです」と認めました。さらに「ビラの作成に勝共連合が関わっているのではないか」と聞くと、男性は「いや、まあ……」「数日中に返信しますから、質問は文書でお願いします」と言い残して走り去りました。その後、ジャパン・ガーディアンズに質問内容を書いて送りましたが、期限までに回答はありませんでした。

男性は自身の動画チャンネルで「長年の自民党員」を名乗っています。政治資金収支報告書によると、男性は二〇一九年と二〇二〇年に自民党の稲田朋美元防衛相の資金管理団体に「研究者」の肩書で計一万二〇〇〇円を献金しています。

●反共ビラで影の支援

正体を隠して活動する――。その手法は、統一協会と重なります。統一協会の開祖・文鮮明は一九六八年、政治組織「国際勝共連合」を設立。統一協会は「友好団体」などといいますが、設立時の勝共連合と統一協会の会長は同一人物。文字通り一体の団体です。古参信者によると、統一協会と勝共連合はそれぞれ上層部の人事は重なっていませんが、実行部隊を担うのは信者であり下部にいけば結局同じ組織だ、といいます。

勝共連合の活動について梶栗正義会長は「反共意識の高い政治家を応援させていただいてきた」とNHKのインタビュー（二〇二二年八月二九日放送）で強調しています。取材班の調査で浮かび上がったのは、自民党の選挙に協力してきた〝影の支援団体〟としての一面です。

「選挙運動員に五人ほどの信者がいて、事務所で『こっちに行け』と指示した。まじめな人ばかりで、朝から晩までビラを配ってくれたこともあった。信仰上のトレーニングをされているからだと思う」。ある自民党関係者は一九九〇年代の地方選挙で「勝共連合」の協力を受けたと証言します。選挙運動で連日〝大活躍〟した五人は、統一協会に入信していた人たちでした。

自民党に対するもう一つの〝支援〟は、日本共産党を中傷する反共謀略宣伝です。勝共連合の機関紙「思想新聞」は、衆院選前の二〇二一年九月一五日付で「野党共闘批判ビラ」を紙面に大きく掲載。「ぜひ周知、拡散しよう」と呼びかけていました。このビラは「『野党と市民の共闘』とは共産党主導の革命政権を目指す『陰謀』にほかならない」とのデマを流布することが目的。野党共闘の選挙を妨害する意図が明らかな内容でした。

国際勝共連合の機関紙「思想新聞」に掲載された野党共闘批判ビラ

「思想新聞」の記事によると、統一協会のダミー団体「世界平和連合」の理事長が同年一二月二五日、名古屋市内で開かれた集会で衆院選の結果について発言。議員を含む一二〇人の参加者を前に、こう成果を誇りました。「わがグループが配布した勝共ビラが大きな成果を上げ、国民に野党共闘の危険性と欺瞞《ぎまん》の共産党の正体を暴いたことが大きく、自民党の二六一議席の獲得の一翼を担った」

統一協会の信者だった時期に、国政・地方選挙で自民党を応援するように指示されたと証言した四〇代の男性は、協会側には「宗教法人として認められた自分たちの活動をしやすくする」などの目的があると指摘します。勝共連合の支援について証言した冒頭の自民党関係者は、次のように語りました。「昔はゼネコンから人を出してもらって選挙をしたが、今は企業も頼りにならない。元請けや下請けにも動員をかけて、という時代ではなくなった。その半面、宗教団体は上から下まで指示が徹底される。良しあしは別として、票を集めるためには手っ取り早い」

●統一協会がビラ配布指示

取材を続けるうちに、統一協会の内部文書を関係者から入手しました。「ジャパン・ガーディアンズ」のビラを統一協会との関わりを隠して大量かつ計画的に配布するよう指示した内容です。このビラが配られた二〇一九年の参院選は、市民と野党の共闘が初めて全国的に成立し、統一協会と協力関係にあった安倍首相（当時）ら政権側は強い危機感を抱いていました。

取材班が入手したのは、同団体が二〇一九年に発行したビラと、その配布方法を指示した「実施要項」です。カラー印刷のビラは、日本共産党が「『天皇制の廃止』を目指している」「暴力革命の方針を堅持する」などと事実無根のデマを書き連ね、公党の名誉を毀損する内容です。関係者によると、これらは東京都内の信者に渡されました。

実施要項では、配布期間「六月中　※七月の参議院選挙の公示前までには必ず配布し終える」と指示しています。注意事項として、次のような細かい指示もされていました。「ＣＨ（統一協会を意味する隠語）の他のチラシなどと一緒に投函しない」「共産党のポスターが貼られているなど明らかに共産党関係のお宅には投函しない」「配布中に第三者から尋問を受けた際には、『この団体やチラシの趣旨に賛同して友人ら有志で配布しています』などと回答する」

さらに「配布期間内に必ず配布できるよう、計画的に配布する」と期限の厳守を徹底。青年一人が一日（午前九時から午後五時まで実働七時間）配布した場合「一〇〇〇枚ほど配布可」との例まで示し、大量に配るよう呼びかけています。

正体を隠した謀略ビラを配布する行為は公党を侮辱するということにとどまらない問題をかかえています。公正で民主的に行われるべき選挙を妨害する行為だからです。ここに統一協会の「勝共運動」なるものの反社会的本質があります。謀略活動で日本共産党を攻撃するのみならず、日本の民主主義を攻撃し、歪め、時の政権を有利にしていくという危険な役割を統一協会は果たしています。

●勝共連合と公安

統一協会と癒着しているのは自民党の政治家だけではありません。国家の弾圧機関とも密接な関係をもっています。取材班はその闇について関係者から実名の証言を得ました。

東京都近郊のターミナル駅近くにある喫茶店で、五〇歳前後の男性二人が向き合っていました。色白で眼鏡をかけた小太りの男性が、もう片方の男性に一冊の雑誌を渡します。勝共連合の機関誌『世界思想』です。渡された男性は、雑誌と引き換えのように、茶封筒を取り出し渡しました。封筒の中身は一万円札一枚です。『世界思想』の定価は一〇〇〇円にもかかわらず……。

封筒を渡した男性は、当時、公安調査庁職員だった西道弘氏。「情報提供料ですよ。一万円は資料代として公安調査庁に請求していたように思います。まあ『世界思想』なんて統一協会のプロパガンダで役にたちませんが」。西氏は少し甲高い声でそう証言します。

相手の男性は何者か――。「勝共連合の地方組織の幹部でした。月に一回ぐらい会っていたかな。相手から連絡が来ることが多いが、こちらから『そろそろ会わないか』ということもあった。だいたい三〇分から一時間程度でした」

勝共連合の男性は、統一協会の開祖、文鮮明を「文先生」と呼び、妻の韓鶴子・現総裁ら文一族を「様」付けで呼んでいたといいます。「統一協会の信徒に間違いないですね」と西氏は振り返ります。

西氏は公安調査庁の出先機関にいた十数年前に、業務で統一協会関連も担当していました。公安調査庁とは国民に対して日常的にスパイ活動をしている政府の組織。盗聴、脅迫、金品の提供などによるスパイ工作といった違法で卑劣な手法をとってきました。とくに日本共産党や民主団体を目の敵として監視しています。

取材班は西氏に質問しました。

――スパイ組織が勝共連合＝統一協会のメンバーと会ってどんな話をするのか。

「相手は地元の共産党の動向を話していました。地方選挙の情勢とかでしたね。自民党国会議員の選挙を手伝ったとかも話していました。正直たいした情報はないのです」

――それでも会っていた？

「『大衆協力者』という位置づけでした。企業の危機管理担当や官公庁の労務担当とかと同じです」

統一協会は公安調査庁にとってどんな利用価値があったのか――。西氏はこう続けます。

国際勝共連合の本部が入るビル＝東京都渋谷区

「公安調査庁にとって『反共』という点で統一協会は友好団体みたいなものなのですよ」

●公安調査庁と協力

西氏は東日本地域にある公安調査庁の出先機関でこんな体験もしています。部署内で幹部らが、オウム真理教を調査する段取りなどを議論していたときのことです。「こんちは」。突然、部外者の男性が気軽な様子で部屋へ入ってきました。

議論を横で聞いていた西氏は、男性を外につれだそうと走り寄ります。あわてていたためか、西氏は滑って転倒。上の前歯を折ってしまいました。入室してきたのは、勝共連合の地方組織の幹部です。「部外者が勝手に入ってくることなんてありえない。そんなことできるのは、この男性だけだった。私が統一協会を担当する前は、よく部署内にきていた。ずぶずぶの関係だった」と西氏は振り返ります。

公安調査庁の公表資料『内外情勢の回顧と展望』では、かつて「社会通念とかけ離れた主義・主張」を掲げた「特異集団」として統一協会を指す記述がありました。それが二〇〇七年の資料からは、「特異集団」の項目そのものが消えます。当時は第一次安倍晋三政権でした。

「以前、内部資料に『特異集団』という項目があった。統一協会は、たしか『A1』と記されていた。アルファベットと数字が若いほどカルト性が高いということだったと思う。『回顧と展望』から消えた経緯は知らない」

公安調査庁自らが「特異」とする団体となぜ、ずぶずぶの関係となるのか――。西氏はかつて先輩職員と宿直勤務をしていたとき、統一協会についてこんな議論になったと振り返ります。

西氏「統一協会はカルト集団です。なぜ当庁（公安調査庁）はああいうやつらと付き合うのでしょう」

先輩職員「何をいうか！　あの人たちは共産主義とたたかっている立派な人たちで、ウチにもよく協力してくれているんだ！」

実際、統一協会の田中富広会長は記者会見（二〇二二年八月一〇日）で「協会の基本姿勢は共産主義との対峙《たいじ》だ。その視点から言うと自民党の議員の方々がより多く接点を持つことがある」と本音を語っています。

公安調査庁の本部＝東京都千代田区

勝共連合初代会長の久保木修己・統一協会初代会長（当時）は、さらに踏み込んで勝共連合の役割を著書に記しています。

――勝共運動は「神主義」を基本としている。単なる政治運動ではなく、宗教理念をベースにした国民教育運動だ。共産主義の本質は神への反逆思想である……。

勝共運動と自民党の支援は、統一協会の理念や活動と密接不可分だというのです。西氏は、はっきりとした口調でこういいます。「社会問題になった霊感商法を半世紀も続けている団体だと知ったうえで公安調査庁や自民党は統一協会と付き合っている。左翼勢力に対して共闘する仲間意識がある。『反共』であればなんでもいいわけです」

1　日本共産党国会議員団の過去の論戦から

統一協会＝国際勝共連合は、自民党など反共を党是とする政党の全面支援のもと、デマと謀略で革新勢力を攻撃する〝反共突撃隊〟として活動してきました。反社会的・反民主主義的な統一協会の正体を暴き、市民から寄せられた訴えと調査に基づいて霊感商法などの被害を告発してきた日本共産党国会議員団の一九七〇～八〇年代の論戦を振り返ります。（肩書は当時）

一九七八年三月三一日、不破哲三書記局長は、勝共連合に協力してきた政治家一八二人のリストを記者会見で公表しました。勝共連合の機関紙や出版物で関係が報じられた政治家の氏名、内容を調査したもの。現職閣僚一六人を含む自民党国会議員一七一人、新自由クラブ四人、民社党五人、ロッキード事件で逮捕され自民党を離党していた田中角栄元首相、橋本登美三郎元幹事長の名前が列挙され、勝共連合と政権・保守党の癒着ぶりを暴きました。

この調査で福田赳夫首相が蔵相時代の一九七四年五月、帝国ホテルで開かれた統一協会の晩餐会で開祖・文鮮明を前に「アジアに偉大な指導者現る。その名は文鮮明」と賛美したことを明らかにしました。

一九七八年四月三日の参院予算委員会で橋本敦、内藤功両議員は、勝共連合・統一協会と自民党との深い関係を取り上げ、福田首相の政治責任を問いました。

橋本議員　ＫＣＩＡ（韓国中央情報部）の政治謀略部隊である勝共連合・統一協会と深い関係を持ち支持、激励してきた政府・自民党の責任は重大だ。

福田首相　勝共連合が反共を旗印にし、そういう点に着目して自民党と勝共連合が協力的側面を持っておったということは理解願えると思う。

内藤議員　勝共連合・統一協会と手を切ると言えないのか。

福田首相　これと縁を絶てということは申し上げかねる。

首相以外に文鮮明の晩餐会に参加した閣僚は「反共思想のいい会合だと喜んで出席した」（中川一郎農相）、「何か教会の布教をしている正しい思想、啓蒙、普及ということで党の方へ案内が来た」（小沢辰男厚相）と悪びれもせず関係を認めました。

一九八三年二月二三日の衆院法務委員会で安藤巌《いわお》議員は、勝共連合の地方総支部結成大会の世話人・賛同者に名を連ねた秦野章法相に「〝憲法を悪〟とする団体に賛同するのは、憲法擁護義務のある大臣の立場と矛盾する」とただしました。

秦野法相は「私の事務所に勝共連合の人が学生さんかな、見えたことはある」「自民党国会議員はほとんど（大会の賛同者に）入っている。怒る問題でもない」と党ぐるみの日常的なつながりを強調。これが実態でした。

自民党議員らは統一協会の行事への出席や祝電などで協力するだけでなく、資金面でも関連企業や勝共連合から多額の献金を受け取っていました。

一九八七年九月一六日の衆院法務委で安藤議員は、霊感商法を行っていた「世界のしあわせ」（現ハッピーワールド）社から献金を受けた自民党の保岡興治、桜井新、亀井静香各衆院議員の名前を挙げ、「自民党は霊感商法をバックアップしているという批判が出てもおかしくない」と追及しました。

●被害額初めて公に

統一協会は教義を記した『原理講論』で、「日本はサタン（悪魔）側の国家」「あらゆる民族の言語は韓国語で統一」などの特異な主張を展開。ところが日本語版では、布教に都合の悪い核心部分を削除していました。日本共産党は一九七八年五月八日付「赤旗」で韓国語の原書と日本語版を照らし合わせて削られた記述を明らかにし、統一協会の謀略的本質を暴露しました。

同年五月一二日の衆院決算委員会で安藤巌議員は福田赳夫首相にこの事実を突きつけ、統一協会の主張に基づく活動を放置すべきではないとただしました。首相は「細かいことを聞かれても答えようがない」とまともに答弁できませんでした。

同年六月一日、正森成二議員は衆院地方行政委員会で、統一協会の政治組織、国際勝共連合が自民党の別動隊として京都府知事選（同年四月）で引き起こした選挙違反の数々を告発。開祖・文鮮明の講演を引いて「〝日本の法に引っかかっても神の法には引っかからない〟と選挙違反をやるような団体と一線を画さなければ、わが国の法秩序は維持できない」と喝破し、県知事時代に勝共連合の大会に祝賀メッセージを送った加藤武徳国家公安委員長を追及しました。

加藤氏は「メッセージを打った記憶はない」としつつ「法は守るべきで警察も厳正公平に対処する」と答えざるを得ませんでした。

統一協会が日本で物品販売や献金で集めた資金を、韓国の統一協会本部に送金する――。統一協会は『原理講論』や幹部の著書で日本から韓国への資金的貢献を正当化しました。一九七八年六月一三日の参院地方行政委員会で神谷信之助議員は、この構図を裁判記録から明らかにしました。

神谷議員は、統一協会の幹部が多額の小切手を不法に国外に持ち出したとする外為法違反事件の判決文（一九七七年一月）の中で「教義や思想面については韓国側が指導的立場に、活動の資金面では日本側が支援的立場に立つ」としていることを指摘。あわせて各地で党に相談が寄せられ、救済した具体的な被害の手口を紹介しました。

――リウマチの高齢者に「病気が治る」といって高額の高麗ニンジン茶や大理石のつぼを買わせた。党県議が県当局に働きかけ、統一協会関連企業「世界のしあわせ」の代理店を当局が呼び出して指導した結果、六〇万円を取り戻した。（滋賀）

――年金生活の夫婦宅を訪れ「顔色が悪い」などといってニンジンエキスを五万円で売りつけた。さらにつぼを買わせようと年金の受給日を支払日にしてローンを組ませた。党が街頭宣伝で統一協会の不当な手口を批判すると、販売業者はつぼを引き取りにきて契約を破棄した。（埼玉）

一九七〇年代後半～八〇年代に一大社会問題となった霊感商法の被害額を国会で初めて明らかにしたのが日本共産党の質問です。一九八八年四月一九日、衆院商工委員会で藤原ひろ子議員の質問に対し経済企画庁は、一九八四年度から八八年一月末までの霊感商法の被害額が一五〇億円を超えると答弁しました。

●教科書政策ゆがめる／学者グループが暗躍

統一協会＝国際勝共連合は、他の改憲・右翼団体とともに自民党の右翼的潮流と結びつき、「自主憲法」「元号法制化」「スパイ防止法（国家機密法）」制定運動など反動的役割を果たしてきました。一九七〇年代末から自民党などによる教科書「偏向」攻撃が始まります。その攻撃材料を提供し暗躍したのが、統一協会の関連団体「世界平和教授アカデミー」に所属する学者らのグループでした。

自民党が、画家いわさきちひろの表紙絵など小学校の国語教科書を攻撃する一方、筑波大学の福田信之学長が代表を務める「教科書問題研究会」は中学校の社会科教科書の批判を展開しました。一九八一年三月八日号の「赤旗」日曜版は、福田氏の頭文字を取った学者グループ「F機関」の存在をスクープ。福田氏は副学長時代、世界平和教授アカデミーの常任理事だったのです。

同年二月に出版した教科書問題研究会メンバー執筆の『疑問だらけの中学教科書』は、同研究会が世界平和教授アカデミーの会合で発表した報告をまとめたもの。憲法や自衛隊、大企業や原発などの教科書の記述を問題視する内容で、自民、民社各党などの攻撃の「ネタ本」となっていました。

二月二〇日の衆院予算委員会で日本共産党の栗田翠《みどり》、山原健二郎両議員は、一般に出回らない検定済みの教科書「見本」本を同研究会が「文部省から入手した」として批判材料に使ったことを追及。文部省が自民党と連動する統一協会系のグループに対して便宜を図ったのではないかと調査を要求しました。

栗田議員（教科書問題研究会の報告に）原子力発電のところで「原発事故によって死者が出た例はない」などと書いてある。こういう観点で教科書を見ている団体に見本本を渡した責任をどうするのか。

実際に一九八一年度使用の中学教科書では、検定合格後に異例の記述書き換えが行われました。その一つが原発に関し「放射線もれの危険」とある箇所を、「放射能に対する不安」と危険性を弱めた表現に変更したものでした。

一〇月二二日の参院文教委員会で佐藤昭夫議員は、『疑問だらけの中学教科書』監修の福田氏を含む執筆者の大半が世界平和教授アカデミーの会員であり、中には統一協会員もいるとした上で、文部省が筑波大学の教科書問題研究会に特定研究費を追加配分したことを暴露。教科書攻撃の〝ネタ〟を提供する統一協会のダミー組織に国の予算を支出する自民党政府を批判しました。

一九八四年に発足した中曽根康弘首相の諮問機関である臨教審（臨時教育審議会）メンバーが統一協会・勝共連合と協力関係のあったことが、党の国会論戦で明るみに出ました。

一九八五年一一月二六日の参院文教委員会で吉川春子議員は、勝共連合が資金集めや会員勧誘を目的に各地で開いていた「市民大学講座」に臨教審会長が出席する問題を取り上げ、「反社会的、過激な活動をする団体に協力する。『教育改革』を進める姿勢を疑わざるを得ない」と批判。勝共連合に協力する臨教審委員・専門委員各九人に関係を断つよう求めました。

2　全国霊感商法対策弁護士連絡会　川井康雄事務局長に聞く

安倍晋三元首相の襲撃事件から一カ月。この事件をきっかけに統一協会による被害や政治家との関係が注目されています。霊感商法や多額の献金で大きな被害を生み出している統一協会の被害者救済に携わってきた全国霊感商法対策弁護士連絡会の事務局長、川井康雄弁護士に話を聞きました。

――被害の実態は？

統一協会は正体を隠して近寄ってきます。学生に対してだとCARP（原理研究会）といったダミーサークルです。学生の頃は進路や人生の目的に悩むもの。「一緒に勉強しよう」と勧誘します。特に、学習意欲がある学生は「統一原理」を、それが宗教団体の教義であることを隠されたまま、真剣に理解しようとします。

既婚女性に対しては訪問販売や、宝石店や絵画展に誘うというやり方です。手相を見たり、家系図をとったりすることもあります。

夫婦間の不和など家庭の問題を聞き出し、先祖の因縁と結び付けます。「因縁から解放する」と説明し、物品を買わせるのです。同時に「先祖の勉強をした方がいい」とビデオセンターに連れて行き、「霊界がある」と信じ込ませます。

入信の前に、誰かに相談できればいいのですが、「陰徳積善」といって徳を積むことは人に言うべきではないと口封じをされます。

入信してからの献金は、定期的なものと特別なものがあります。「祝福」といって教祖が選ぶ相手との結婚が信者の一つの目標になっています。これは一回一四〇万円。すでに結婚していて、信者になってから改めて祝福を受ける既成祝福、亡くなった人と行う写真祝福などもあります。「先祖が地獄で苦しんでいる」といい、先祖解怨献金、先祖の祝福献金も。要はお金をむしり取るためにいろいろな名目の祝福をつくっています。

一四〇万円というのは安い方で、『聖本』は三〇〇〇万円もします。何千万、何億円という被害がざらにあります。統一協会はピラミッド構造となっており、ノルマ達成を熾烈に争わせている実態があります。

実家の売却、遺産、家族の退職金など、信者の財産を献金させます。結果として信者の暮らしは苦しくなります。仮に家族が「やめよう」といっても、「そんな不信仰なことを言わないで」と軋轢《あつれき》が生まれます。

途中でおかしいと思っても、「この道を外れたら地獄に落ちる」などと信じ込まされており、脱会することはなかなかできません。

統一協会による被害は、お金以外も深刻です。宗教全般は、心のよりどころになるもので人生に与える影響が大きいのです。正しいと思い、家族や友達、見知らぬ人まで勧誘します。信者にすることが、その人を救うことになると信じているため熱心に勧誘を行い、その結果、被害者が加害者になってしまいます。入ってしまうと、一生を棒に振ってしまうわけです。

安倍晋三元首相の襲撃事件を機に、統一協会に関する報道が増えています。カルト全般にある話ですが、「反社会的な存在だ」と報道されると、協会内ではあえて陰謀論のように説き、「これも神様が私たちに与えた試練なんだ」と信じ込ませます。正体を隠すといった勧誘の手口も巧妙になります。最近は学生を中心に信者が増えているという話もあります。

――政治家が協会とかかわることでどんな影響がありますか。

統一協会のメディアに出たり、イベントで登壇したり、祝電を送る政治家がいます。それを協会の機関誌などで喧伝《けんでん》します。

信者からすれば「自分たちが信じていることはやっぱり正しいんだ」と、お墨付きを与えることになります。信仰心がよりあつくなり、新しい信者を誘うモチベーションにつながります。

さすがに統一協会のことを全く知らない政治家はいないと思います。統一協会系のイベントに参加し、途中で怪しいと気づき席を立った議員がいると聞いたことがあります。もし知らないのであれば、それこそ問題です。「知らなかった」のではなく目に見える利益があったから近づいたのだと思います。

二〇〇七〜一〇年ごろに捜査当局が統一協会の霊感商法を相次いで摘発しました。特に物品販売が統一協会の組織活動の一環であると裁判で認定された「新世事件」では協会関連施設に家宅捜査が入りました。協会は、よりいっそう政治家とのつながりを強めようという方針を取ります。

二〇一二年に第二次安倍政権が誕生して以降摘発はなくなりました。二〇一五年には、長年認められなかった「世界基督教統一神霊協会」から「世界平和統一家庭連合」への名称変更が認められてしまいました。摘発については、協会側が表面的な対策をうっていることもあるでしょうが、なんらかの政治的圧力があることは否定できないと思います。

――被害を出さないための対策は？

もし身近に統一協会に取り込まれそうになっている人がいたら、専門家に相談してください。取り込まれていると気づくポイントはいくつかあります。一つは部屋や倉庫に大きなつぼや、経典が増えたり、通帳からお金がなくなっていたりするとき。二つ目は、他の人を入信させようとするときです。

悩みや心配が全くないという人が、カルトにはまることはあまりありません。「家族のために」という気持ちから信仰を持たされていることを理解しようとする姿勢が大切です。どんな教義があるのか、どんな悩みがあるのかを、一緒に話し合っていく過程で、自分の頭で考えられるようになり、「必要ないのではないか」と気づけるかもしれません。

統一協会だけに限りませんが、カルト宗教は一度入ってしまうと抜けることが難しいのです。入信の前に食い止める必要があります。すでに実施されているところもありますが、学校や大学でカルトがどのような手口で近づくかなどをオリエンテーションするのが効果的だと思います。政治家が統一協会に関わらないことは最低限必要です。「家庭連合」は統一協会だということを伝え、被害を風化させないこと、監視していくことも重要です。

統一協会の責任を認める民事判決が相次いでも、統一協会はその多くが「使用者責任」に過ぎないとして協会本体の責任を認めようとしません。それらについて、協会はきちんと反省し、謝罪するべきです。長年にわたり、全国各地で、繰り返し同様の被害が起こっているのですから、統一協会が組織的に財産収奪行為を行っていると言えるでしょう。

第三者委員会などによる公正な調査もしてほしいです。何千万円もの献金をさせて、そのノルマ達成を確認するため、献金に関する記録が残っているはずです。

3 元信者で信者二世支援に携わる竹迫之牧師に聞く

統一協会への献金被害を規制する新法が国会で成立しました。自らも脱会者で、信者二世の相談に数多く乗ってきた日本基督教団白河教会（福島県白河市）の竹迫之《たけさこいたる》牧師は「意義のある立法ではあったが、救済の範囲が狭すぎる。やることはまだまだたくさんある」と強調します。

私は一七歳からの一年八カ月間、統一協会の信者で、一九八六年に脱会しました。二〇〇〇年ごろから、ネットでたどり着いた若い信者二世からの相談を多く受けるようになりました。

――この間、二世の問題が浮上しました。二世が抱える苦しさについて教えてください。

二世は自由意志が阻害された状態で育ち、教義を通してやってくる締め付けに苦労している人が多い。経済面だけでなく、メンタル面も含めた包括的なサポートを誰がしていくのかという視点が必要です。

二世は協会内で「原罪のない『神の子』」とされ、大切に育てられます。基本的に素直な「いい子」が多いと感じています。

しかし長じるにつれて禁止事項が増えてきます。友達と遊ぶ時も、異性と一緒はいけない。集団結婚式による結婚だけが正しい道なので、それ以外の可能性に発展しうる要素は極力排除されます。

女の子の方が男の子よりも禁止事項が多い。露出の多い服装はだめ。スカート丈や髪形など、規制は細かい点に及びます。「純潔教育」なのですが、「純潔」を維持する責任を、女性側により多く傾斜して負わせます。

ゲーム機などでも、性的な描写や恋愛の要素は事前にチェックされます。漫画本からそういう作品を取り除いた上で渡されたという話もあります。

当初「そういうものだ」と思っていた子どもたちも、友人づきあいのなかで恋愛や芸能人の話が盛り上がってもついていけず、「あれ、変だぞ」と感じ始めます。

そして現在の多くの二世たちは一〇代の後半ごろまでに、インターネットに触れます。そこで「統一協会が世間でどう見られているか」ということを知り、大きなショックを受けます。「世界を救う団体だと思っていたけど、正反対なのではないか」という「秘密」を心に抱えたまま、家庭の中で暮らすことになります。

親から聞いて信じてきたこととネットの情報の間で「どちらが真実かわからない」と揺らぎ悩む時間が、思い切って相談するまで相当長く続くのだと思います。

――相談に向けて背を押す要因には何があるのでしょう。

契機になるのは恋愛問題が多いと感じます。「えっ、そんなのに入ってたの。気持ち悪い」と関係を切られる場合もままある。いい子たちだから傷つきます。普通の人でも傷つくのに、より一層深い傷を受けます。

うつ病などの精神疾患を抱え、医療施設で外の世界に触れることが契機になることもあります。「自分を縛り付けるものは何なのだろう」と考え続けると、自分の家族が統一協会の信者だということに行きつかざるを得なくなります。

しかし「サタン」を恐れる気持ちを植え付けられているので、恐怖心もある。禁を破って私のような存在に相談するには、相当な勇気を必要とするでしょう。それを乗り越えられず、外部にSOSを出せない人が潜在的にかなり多くいると思います。掘り起こしも必要です。

相談し、協会から離れる時の苦悩の度合いも、二世の場合はより深刻だと思います。

一世は「入信する前の自分」があり、そこに「戻る」ことをイメージできます。しかし二世は人格そのものが統一協会の中で醸成されてきている。泳ぎ方を知らないまま海に投げ出されるような感覚ではないでしょうか。

それまでは「神かサタンか」「白か黒か」という二項対立だけで考えてきたのが、協会の外でいろいろな出会いや生活体験を通じて「むしろグレーなことの方が多い」ことを学んでいくわけですが、「新たに生まれ直す」ことに近く、かなりのエネルギーを要すると思います。

また統一協会の特徴として、教義の中に集団結婚が位置付けられているため、二世が「親の幸福の実現のために自分が生まれさせられた」という感覚を持つこともあります。最近、信者間での養子縁組が問題になりました。後になって自分が養子だと知る二世も多く、これも「自分が何のために生まれてきたのか」という問題に発展するでしょう。

とにかく①安全な住み家を確保する②収入源をなんとか確保する③その上でさまざまな出来事に向き合って傷つく二世に適切なケアをする――。この三つがそろって初めて、二世支援は成り立ちます。

二世の問題は虐待問題だということが、もっと周知されるべきだと思います。宗教的な虐待という視点から、二世への支援は福祉としての支援なんだと確信しています。

――成立した新法への見方を教えてください。

新法は、救済の対象が消費者問題の延長としての献金被害に限定されています。二世の多くが抱え、訴える生きづらさに、視線が向けられたとは言えません。

他にも不十分な点が多く指摘される中、岸田文雄首相は議論を継続し補強するという趣旨の発言をしました。しかし協会に関する報道は減り、市民の関心が維持されるのか、不安に思っています。

統一協会の被害は金銭だけでなく、人格や人生そのものに及びます。救済・支援策も包括的なものにならざるを得ません。市民も、「私はひっかからなかったからよかった」ではなく、この社会で拡大し社会に損害を与えてきたカルトへの対策に資金や資源を投入することに同意する必要があるのではないでしょうか。

ほとんどの支援者も民間のボランティアです。経済的な支援策を講じてほしい。先行事例のフランスでは、民間の対策グループに国家予算を投じて国営部門に切り替えた。ソーシャルワーカーや医師、姿をくらました信者を探す探偵までいるそうです。うらやましいと思います。議論を止めている時ではありません。

たけさこ・いたる　日本基督教団白河教会牧師。脱カルト協会理事。宮城学院女子大学・東北学院大学非常勤講師。一九六七年生まれ。高校三年時に統一協会（世界基督教統一神霊協会・当時）に正体を隠したまま勧誘され入会、活動中の負傷を機に一九歳で脱会。

4　ジャーナリストの鈴木エイトさんに聞く

統一協会と自民党との関係がなぜここまで深まったのか、長年、取材してきたジャーナリストで作家の鈴木エイトさんに聞きました。

統一協会と安倍晋三元首相の最初の接点は、二〇〇五年ごろの反ＬＧＢＴの運動です。関係が深化したのは第二次安倍晋三政権からです。ただし公然と付き合ってきたわけではなく、やはり隠したかった。ただ二〇一七年から協会や関連団体のイベントが生配信で一般の人も見られるようになり、安倍氏側の気も緩んでいたと思います。

なぜ関係が深まったのか。第一次政権が安倍氏にとって不本意な格好で終わり、二〇一二年の自民党総裁選では異例の逆転勝ちで安倍氏が総裁に返り咲いた。長期政権と改憲のためには、うまく手足として動いてくれる統一協会が必要だと安倍氏は考えたのでしょう。協会側は霊感商法が警察から摘発を受け、解体しかねない事態に直面したので、政権からの保護がほしかった。両者の思惑が一致したといえます。

安倍氏は統一協会との関係をなるべく隠したかったのではないでしょうか。二〇二一年に協会関連団体である天宙平和連合（ＵＰＦ）のイベントにメッセージを送った時も、映像は当日しか見ることができないようにしていました。それが一部メディアで報じられたとしても、自分の政治生命と自民党になんの影響やダメージはないだろうと判断してのことでしょう。確かに、それを報じたのは「しんぶん赤旗」やいくつかの雑誌だけでした。大手メディアは黙殺しました。

統一協会は議員をイベントなどに呼んで箔《はく》をつける。議員も「それぐらいたいしたことない」と協会との関係を続けてきました。問題視されるようになって、うろたえているのが今の状況です。

萩生田光一自民党政調会長や山際大志郎経済再生担当相らはもともと、統一協会丸抱えの政治家だと指摘されてきました。

協会との関係を否定する萩生田氏については、現役信者が「彼は市議会議員時代から協会（施設）に通っています」と証言しました。脱会者でなく現役信者が証言したということは、協会のコントロール下で発言しているということです。萩生田氏が協会に首根っこを押さえられているのではないかとすら感じられました。

萩生田氏と統一協会の関係を最初に告発した脱会者は、関係を否定した発言に、当初は「悲しい」と私に言っていました。その次は憤りで、最後は「ダッセーな」と。協会の思惑は別として、お世話になっていながら、「知りませんでした」というのは確かにダサい。人として、世話になった人を〝ポイ捨て〟してはだめでしょう。

信者たちはカルト被害者です。それを政治家が利用している。私の取材の原動力は、そういう怒りです。勧誘するなら「霊感商法をやっている統一協会」とまず名乗るべきだし、政治家も統一協会を利用するなら公にすべきです。私は、隠しているところを暴いて、有権者の判断材料にしてもらいたい。投票行動に必要な情報を提供しているだけです。

安倍氏銃撃事件後、日本のメディアが一斉に統一協会問題を報道しました。ジグソーパズルのピースが次々と埋まっていますが、政界ルートなどで埋めていくべきピースはまだまだあります。私は持っている情報を出し惜しみせず提供して疑惑解明に協力していきたい。

統一協会の田中富広会長は日本外国特派員協会で会見（二〇二二年八月）しましたが、内容すべてが欺瞞的であり、協会の主張をただ読み上げる異様なものでした。

会見前日に私が得た情報では、海外メディアに日本の報道はおかしいと報じさせて外圧をかけようと、韓国の協会本部からの指示で行われたというものでした。会見は、それに沿った内容でした。

会見では、国連を持ち出す姑息《こそく》さを感じました。統一協会は内部文書で国連をさんざん否定しています。一方で、協会関連団体のUPFと世界平和女性連合が国連NGOの資格を取得しています。国連を協会の箔付けに最大限利用しています。

会見で田中会長は、安倍晋三元首相がメッセージを送ったUPFなどを「友好団体」と称しました。統一協会が政治家と直接関係をもっていないようにみせようとしたのです。元信者の証言や内部文書からみても明らかにウソで、統一協会と「友好団体」は一体の関係です。

「霊感商法なるものを過去においても現在も行っていない」という発言も明白なウソです。一四〇万円の献金と引き換えに、統一協会の開祖、文鮮明夫妻の言葉をまとめた『天聖経』を授けるという内容の指示文書が二〇一三年に出ています。消費者契約法違反につながらないように、より狡猾《こうかつ》に金集めしているのが実態です。

つぼなどの売買に代わって、献金をした信者に置物の「善霊堂」などを授けるシステムに代わっています。一〇〇〇万円を献金したら、文鮮明のサインをプラスでつけるだとか、一億円の献金者にはそれを二つとか、特典を与える手法です。そして信者にはくり返し献金ノルマが課されています。

社会的批判の高まりで霊感商法ができなくなって、今やいかに信者から搾り取るかになっています。信者は相当、疲弊していると思います。相談会に来た信者二世の話だと小遣いを一銭ももらってないとか、親戚からもらった唯一のお年玉まで親が勝手に献金したとか、自力で奨学金を利用して進学して返済に追われている事例がありました。ネグレクト（育児放棄）もかなり多く発生しているもようです。

通常の団体であれば、自己破産する前に献金をやめます。ところが統一協会は自己破産するまで献金するのが奨励されています。安倍元首相を銃撃した山上徹也被告の母親は献金し過ぎて自己破産したとされていますが、同じような家庭はまだまだあるでしょう。

ある信者二世は、「山上被告の気持ちが分かってしまう自分が怖い」と語っていました。犯行は許しがたいものです。ただ今までこうした信者二世が存在することを政治家やメディアは見てこなかった。

これは、今回の事件をみる上で重要なポイントです。突発的な犯行として幕引きされないように、事件を発端に明るみに出た社会問題をしっかりみていかなければなりません。世間の関心が無くなれば政治家も統一協会もうまく逃げようとするし、元に戻ってしまいかねません。

あとがき

社会部統一協会取材班による記事は安倍氏銃撃事件から二〇二二年年末までに一〇〇を超えました。大手全国紙と比較しても、群を抜いた掲載数です。私たちは、当局の情報を垂れ流す発表報道ではなく、独自に調べをすすめる調査報道を基本に据えています。調査の中で、数多くの独自ネタ、つまりスクープを出すことができました。

実は、かつて統一協会を取材してきた先輩記者たちは引退しており、取材班の中で統一協会の取材経験があるデスク、記者はごくわずかという状況からのスタートでした。それでもこれだけの記事を出せたのは、一九六〇年代から統一協会とたたかってきた日本共産党と「赤旗」としての蓄積があるからです。過去の膨大な記事や国会質問だけでなく、安倍氏銃撃事件の後に古書店で一冊数万円と跳ね上がったような貴重な書籍や、統一協会の古い機関紙、雑誌も党本部資料室に所蔵してありました。

事件の直後は、メディアがおっかなびっくりで統一協会に触れている様子が感じ取れました。かつて統一協会がメディアに対して無言電話や暴力的な妨害活動をしてきたからでしょう。「赤旗」が躊躇なく統一協会を批判できたのは、日本共産党の綱領路線があるからです。党綱領は

「国民の基本的人権を制限・抑圧するあらゆる企てを排除し、社会的経済的諸条件の変化に対応する人権の充実をはかる」としています。根っこがしっかりしているからこそ、謀略や暴力に立ち向かうことができると私たちは考えています。

取材には、二〇～四〇代の信者二世たちが応じてくれました。本著で書いたように、子どものころから親や統一協会から教義を強要され、文鮮明、韓鶴子夫妻をメシアだと刷り込まれてきました。信者以外との交際や漫画を読むことなども禁止され、過度な献金による家庭の貧困など、子どもの人権が侵害されています。暴力団員の子どもであろうと、国会議員の子どもであろうと、統一協会信者の子どもであろうと、すべての子どもたちは無条件で守られなければなりません。子どもたちには、守られる権利があります。子どもの権利を守るのは社会の役割であり、政治、行政の責任です。統一協会と癒着してきた政治家と政党は、子どもの権利を侵害してきた加害者側にいると自覚し、反省すべきです。

信者二世たちによると、統一協会は「赤旗」を「サタン中のサタン」「読むと目がつぶれる」と信者に教え、真実に目を向けさせないようにしています。勝共運動が世界平和をもたらすとも信じこまされており、「使命感」まで持って反共謀略活動に従事させられてもいます。そんな二世たちにすれば「赤旗」の取材に応じることには勇気がいったと感じています。取材班は二世たちの苦しみを何時間も丁寧に聞き、記事にしていきました。今では毎日のように、二世たちと意見交換をしています。そんな取り組みの中で、複数の二世が「サタンの中のサタンといわれた赤旗さんと統一協会について話し合えるなんて胸熱《むねあつ》です」と話してくれました。ある二世は「赤旗さんは長年、統一協会から『サタンのメディア』と言われてバッシングされ続けていると思います。中には酷い誹謗中傷もありますが、粘り強く報道をしてくださる姿勢を応援している二世も多いです。私も応援しています！」とメッセージをくれました。ジャーナリストとして、真実を報じる「赤旗」として、この声援に応えねばと私たちは強く感じています。取材に協力してくれた信者二世、元信者、被害救済に携わる関係者の皆様にこの場を借りて心から御礼を申し上げます。また記事を読んだ読者からの励ましは、困難な取材に向かうエネルギーとなりました。

取材は、新井水和、井上拓大、嘉藤敬佑、丹田智之、古荘智子、三浦誠、安川崇、矢野昌弘が担当しました。記事の初出はいずれも「赤旗」です。私たちの記事は、不適切な表記がないか目を皿のようにしてチェックしてくれた校閲部、読みやすく印象深いレイアウトと見出しをつけてくれた整理部、機材などでバックアップをしてくれる工程管理開発部や総務部、適切なアドバイスをしてくれた編集センター、日々一緒に活動している社会部の記者たち、そして家族の協力なしには成り立ちませんでした。ありがとうございます。

この先も、よりよき未来のために、共に歩みましょう。

二〇二三年一月

しんぶん赤旗社会部長・統一協会取材班　三浦誠

（年齢、肩書はいずれも掲載時のママです）

信者《しんじや》二世《にせい》たちの叫《さけ》び　徹底《てつてい》追及《ついきゆう》統一《とういつ》協会《きようかい》

2023年3月20日　初　版

著　者　しんぶん赤旗社会部統一協会取材班
発行者　角　田　真　己

郵便番号　151-0051　東京都渋谷区千駄ヶ谷4-25-6
発行所　株式会社　新日本出版社
電話　03（3423）8402（営業）
03（3423）9323（編集）
info@shinnihon-net.co.jp
www.shinnihon-net.co.jp
振替番号　00130-0-13681

印刷・製本　光陽メディア

落丁・乱丁がありましたらおとりかえいたします。

ISBN978-4-406-06745-4 C0031　Printed in Japan